Libro ACORDEÓN con cara POP-UP, por
....
Escribe tu nombre

TALLER DE LIBROS para NIÑ★S
ESTHER K. SMITH

TALLER DE LIBROS

**25 proyectos con papel
para doblar, coser, pegar,
ensamblar, desplegar y dibujar**

para NIÑ★S

Esther K. Smith

Ilustraciones de Jane Sanders

ROUND LAKE AREA
LIBRARY
906 HART ROAD
ROUND LAKE, IL 60073
(847) 546-7060

GGDIY KIDS

Título original: *Making Books With Kids*
Publicado originalmente en 2016 por Quarry Books,
un sello de Quarto Publishing Group USA, Inc.

Diseño del libro: Esther K. Smith, Dikko Faust, Amy Sly
Fotografías interiores y de la cubierta: Emma Andreetti, Wyatt Counts
Resto de fotografías: Michael Bartalos, Han Ju Chou, Michael Prisco

Traducción: Felicidad Cirugeda
Diseño de la cubierta: Toni Cabré/Editorial Gustavo Gili

Cualquier forma de reproducción, distribución, comunicación pública o transformación de esta obra solo puede ser realizada con la autorización de sus titulares, salvo excepción prevista por la ley. Diríjase a Cedro (Centro Español de Derechos Reprográficos, www.cedro.org) si necesita fotocopiar o escanear algún fragmento de esta obra.

La Editorial no se pronuncia ni expresa ni implícitamente respecto a la exactitud de la información contenida en este libro, razón por la cual no puede asumir ningún tipo de responsabilidad en caso de error u omisión.

© de la traducción: Felicidad Cirugeda
© del texto, proyectos y fotografías: Esther K. Smith, 2016
© de las ilustraciones: Jane Sanders www.reddozer.com, 2016
© tipografía: Dikko Faust, Purgatory Pie Press, 2016
© Quarto Publishing Group USA Inc, 2016
para la edición castellana:
© Editorial Gustavo Gili, SL, Barcelona, 2018

Printed in China
ISBN: 978-84-252-3091-2
Depósito legal: B. 21767-2017

Editorial Gustavo Gili, SL
Via Laietana, 47, 2º, 08003 Barcelona, España. Tel. (+34) 933228161
Valle de Bravo 21, 53050 Naucalpan, México. Tel. (+52) 5555606011

Dedicado al niño que habita en todos nosotros... y a todos los niños, a todos los adultos cuando erais niños y a todos los maestros y niños a los que he dado clase —incluido Larry cuando yo tenía diez años y él cuatro—. Y, por supuesto, a las pequeñas Georgia y Polly y, como siempre, a Dikko. Y a Paul Faust, de 96 años, el mejor suegro del mundo, que se rio por lo bajini cuando le conté que necesitaba escribir algo inspirador (lo leyó en su dispositivo TTY para personas con problemas de audición) y dijo: "Pues buena suerte con ESO".

¡Índice!

INTRODUCCIÓN 8

COSAS BÁSICAS 10

Papel 12
   Cómo doblar los cuadernillos 14
Herramientas 16
   Engrudo 17
   Cómo pegar piezas de collage 18
Pesas para libros 22

2
CÓMO HACER LIBROS QUE SE PLIEGAN 24

Libro acordeón con bolsillo secreto 26
Acordeón rascacielos 30
Libro salamandra serpenteante 35
Acordeón con bisagras de perro y estrella 38
Acordeón con bisagras incorporadas 40
Acordeón recortable 42
Acordeón autobiográfico 46
Cucú, el libro de la selva 50
Libro interior/exterior 54

3
CÓMO HACER POP-UPS 58

Pop-up de una cara 60
Libro de picos, pájaros y monstruos
   pop-up 64
Pop-up de helado de cucurucho 68
Pop-ups para recortar y montar 71
Pop-up de flor giratoria 83

4
CÓMO DECORAR EL PAPEL 88

Papeles de burbujas de jabón 90
Papeles salados 92
Marmolado de crema de afeitar 94
Suminagashi 96
Papeles empastados 98
Cubiertas de papel empastado para
  libros acordeón 100

5
CÓMO HACER LIBROS COSIDOS 104

Libro diminuto 106
Libro con cordón de zapato 110
  Cuaderno con goma elástica 113
Libro alfiletero de fieltro 114
Libro mochila 118
Libro amuleto de los tres deseos 122
Folioscopio de pelotas malabares 128
  Cosido japonés 132
Libro de bolsas de papel entrelazadas ...134

Recursos útiles 138
Agradecimientos 140
Artistas 141
Índice alfabético 142
Acerca de la autora 144

INTRODUCCIÓN

Me encontraba en una sala de espera rellenando formularios. Un chiquillo corría desaforado de un lado a otro armando jaleo y chocándose conmigo cada dos por tres. Cuando terminé con los formularios le hice un libro con un trozo de papel. (Me ofrecí a enseñarle cómo hacerlo, pero me dijo que era demasiado pequeño; era un niño de cuatro años y medio muy alto.) La habitación se quedó en tal silencio que pensé que el niño se había marchado, pero miré y allí seguía, dibujando sin parar. Toda aquella energía saltarina la había absorbido su proyecto. Ojalá pudiera mostraros su maravilloso libro. Creo que, cuando sea mayor, ese libro que hizo conmigo le acompañará. Es posible que no lo recuerde, pero se pasó más de media hora escribiéndolo. Yo me marché antes de que hubiera acabado.

De niña, cuando me ponía enferma y me quedaba en casa sin ir al colegio, recortaba ángeles de papel con mi madre. También me gustaba retorcer el papel de plata del interior de los envases para hacer cintas de Moebius junto a mi padre. Al recortarlas en una dirección, doblaban su tamaño; cortándolas en dirección contraria, formaban dos bucles encadenados. En el colegio confeccionábamos flores con clínex para el día de la madre. Y para celebrar las estaciones calcábamos siluetas sobre papeles de colores, las recortábamos, las decorábamos con purpurina y después las pegábamos en los cristales con cinta adhesiva.

Ahora, en la editorial Purgatory Pie Press, hago libros a mano y ediciones limitadas junto con mi marido, Dikko Faust. Nos mudamos a nuestro estudio actual cuando la más pequeña de nuestras hijas era un bebé. (Creo que conseguimos el local porque la niña era una monada y al ascensorista le gustó.) En un primer momento colocamos una barrera alrededor de una zona iluminada por el sol, con juguetes y una sillita dentro, pero el bebé se ponía de pie en la valla y lloraba desconsoladamente. Entonces decidimos que era mejor rodear la impresora, los tipos de metal pequeños y los materiales peligrosos. La solución resultó perfecta: Dikko pasaba por encima, yo trabajaba sobre las encimeras y el bebé disponía de todo el suelo. Era como una propiedad compartida, pero con una estructura en vertical: todo aquello que nuestra hija podía alcanzar era suyo; lo que no llegaba a coger, mío.

Nuestra hija mayor venía al estudio al salir de la guardería y traía a sus amigos. Sus juguetes eran los restos de papel recortado. Un día, los niños recortaron tiras de papel de trapo fino y dibujaron dólares. Estuve a punto de imprimir una tirada de aquello —hum, tal vez ahora podría encontrar algún crío que dibuje dinero...

Nuestro apartamento era muy pequeño y solíamos ir a jugar al parque, pero las niñas y yo también nos sentábamos a la mesa de la cocina y recortábamos y dibujábamos. Una tarde, tras revisar la correspondencia, cogí unas tijeras y troceé todos los sobres y la propaganda creando monstruos y serpientes en espiral y flores y enredaderas. A mi hija le encantó y se lo llevó todo al colegio para usar el material en la actividad "Muestra y explica".

Luego nos mudamos a un piso más grande, y un día, yendo de camino a la exposición de un amigo, encontramos una gran mesa amarilla *vintage* en una tienda de antigüedades. Se convirtió en nuestra mesa de juego y trabajo. La limpiábamos para comer, o al menos desplazábamos los proyectos a un lado, y junto a nuestras hijas hacíamos muñecas de trapo y también cosas con papel. Un día abrí un regalo y me encontré una muñeca con varias mudas de ropa. Mi hija pequeña había estado cosiéndola en secreto por las noches. Nuestras hijas han aprendido mucho haciendo cosas con nosotros: han aprendido a crear objetos, a organizar sus propios proyectos, a resolver las cosas.

Los niños no saben que hay cosas que no pueden hacer. Cuando tienen dos años, esto puede resultar duro. Sin embargo, en cuanto veas que empiezan a ser independientes, cerciórate de que estén seguros y dales el control del número suficiente de cosas como para que se sientan satisfechos. En cuanto crecen un poco, hacer cosas con ellos es una forma estupenda de fomentar su independencia.

El verano pasado, en un concierto, conocí a una mujer que lucía unos pendientes de origami que se había hecho ella. Trabaja como terapeuta infantil y sus pacientes son niños sin hogar y en acogida temporal. Me dijo que a veces les enseña a hacer figuras de origami para que puedan ser dueños de algo. Me contó que una niña le había dicho que quería un libro. Le enseñé cómo hacer una sencilla estructura para que se la mostrara a los niños y que así siempre pudieran tener uno.

Hace unos días, en aquella misma sala de espera, les enseñé a un padre y a su hijo de ocho años cómo hacer un libro. El primer intento del niño fue un desastre, pero al momento hizo otro cien veces mejor, y luego tanto él como su padre confeccionaron otro más. El padre me dijo: "Ha merecido la pena venir aquí solo por esto".

Divertíos con vuestros hijos.

Esther

HAZ LIBROS Y NO LA GUERRA.

1 COSAS BÁSICAS

Este capítulo es como la primera clase de los cursos que imparto: un montón de cosas generales y cuestiones que tienes que saber antes de empezar con la parte divertida. Lo que hay en esta sección es la información necesaria para poder realizar los proyectos de las páginas que vienen después. Primero, la que tiene que ver con las partes del libro; luego, con el papel y las herramientas.

Yo soy de esas personas impacientes que se ponen manos a la obra saltándose pasos previos y que después normalmente se arrepienten de ello. Por ejemplo, hoy ha venido a verme mi amiga Jen. Me he dado cuenta de que me había quedado sin *switchel*, una bebida isotónica que se hace con ingredientes naturales y que suelo tener en casa, así que he sacado el vinagre de sidra, jengibre y miel y he dicho: "Bueno, puedo buscar la receta en internet o puedo ponerme a prepararla sin más". "Búscala", me ha dicho Jen. "Cuando hayas preparado la bebida varias veces, recordarás cómo hacerla."

Y qué gran verdad, es mejor no echar las cosas a perder por tener prisa en hacerlas.

En los tiempos en los que el Center for Book Arts de Nueva York estaba en Bleecker Street, al principio de todo, el fundador del centro, Richard Minsky, hizo un letrero para la encuadernadora, Mindell Dubansky, donde se leía: "Mindy, recuerda: despacio es deprisa".

¡Así que no te saltes esta parte! Léela y, cuando estés confeccionando libros con tus niños, vuelve a leerla siempre que lo necesites.

11

LAS PARTES DEL LIBRO

Algunos términos básicos para identificar las partes de un libro.

Probablemente ya sepas lo que es el LOMO: por donde se unen las páginas. En los libros que se venden en las librerías y en muchos de los hechos a mano el título se pone en el lomo para poder localizarlos en las estanterías.

En el lado opuesto al lomo está el CANTO: es el corte frontal de las páginas del libro.

El corte superior de las páginas se llama corte de CABEZA.

El corte inferior de las páginas se llama corte de PIE.

Los CUADERNILLOS o PLIEGOS son las secciones dobladas que forman el interior del libro. Los folletos tienen solo un cuadernillo, pero los libros como este que estás leyendo tienen múltiples cuadernillos que van cosidos. Este libro, a no ser que haya un cambio de planes, tiene nueve cuadernillos de 16 páginas.

Las GUARDAS son las hojas que se colocan entre la cubierta y el interior del libro. Pueden ser de papel bonito y colorido.

La GUARDA VOLANTE es la guarda interior que va junto a las páginas del libro.

Papel

Puedes utilizar muchos tipos de papel. ¿Qué tienes por ahí a mano? En Estados Unidos el más habitual es el papel carta, el papel Business ligero para impresora. En otros países, el papel estándar es el A4. Para hacer pruebas, por ejemplo pop-ups sencillos, puedes reciclar algún folio que ya esté impreso.

También puedes reutilizar bolsas de papel. Los rotuladores de colores opacos, las tintas de los sellos de tampón y la aguada quedan preciosos sobre papel kraft, casi resplandecientes, quizás porque su valor cromático se asemeja al tono medio de ese papel marrón. Los materiales disponibles serán distintos según los países, pero en todas partes existe algún tipo de papel de embalar sin blanquear, que puede quedar muy bonito en los proyectos realizados con niños. El papel kraft, el de carnicero y el de panadería se comercializan en unos rollos un poco difíciles de manejar, muy tirantes, pero puedes conseguir un dispensador o hacer un apaño con un cordel.

Advertencia: algunos papeles se rompen con demasiada facilidad. El papel de periódico, por ejemplo, no sirve para confeccionar libros, y lamento decir que el papel de construcción, ese de colores tan bonitos, tampoco, ya que con frecuencia tiene un nivel de acidez alto y, al igual que el de periódico, es demasiado frágil para plegarlo adecuadamente. Hoy en día existen buenas alternativas a los papeles de colores. Un colega que trabaja con niños recomienda siempre el papel True-Ray.

Ahora la última moda es el papel de archivo. Archivar consiste, sencillamente, en guardar las cosas de manera organizada. En el archivo de Purgatory Pie Press, además de obras artísticas, poemas y cartas interesantes, bocetos, etc., también conservamos las facturas de teléfono y electricidad, que no están impresas en un papel muy sofisticado que se diga.

Una cuestión clave del papel es la ACIDEZ. Los papeles con alto nivel de acidez no son los mejores para hacer creaciones artísticas. Son frágiles. Cuando los doblas, se agrietan. El término "libre de ácido" hace referencia a lo que algunos llaman papel de archivo.

Los fans de los álbumes de recortes han generalizado el uso de los papeles libres de ácido, los bolígrafos, los pegamentos y las cintas adhesivas. Quizás se deba a que a los artistas les intimidan los materiales sofisticados... y también a que las mejores ideas siempre terminan anotadas en una servilleta y luego hay que guardarlas. Los álbumes de recortes están ideados como archivos para el futuro, pero para el tipo de libros que queremos producir aquí el papel corriente de carta, de impresora, etc. nos sirve bastante bien. Eso sí, cualquier material que lleve circulando ya algún tiempo puede estar deteriorado y ser quebradizo (entonces no lo uses) o puede que esté en buenas condiciones. No te gastes una fortuna en papel, pero utiliza uno que vaya a resistir sin deshacerse hasta que tus hijos tengan edad suficiente para apreciar las creaciones que hicieron de pequeños.

Para poder doblar el papel necesitas que tenga un gramaje adecuado. Para libros como el acordeón con bolsillo, un papel muy ligero es buena opción. Para otras creaciones, utiliza papeles más resistentes, lo suficientemente gruesos para doblarlos o cortarlos con tijeras: papel para cubiertas fino, cartulinas, etc.

Date una vuelta por la imprenta de tu barrio o localidad. Los impresores compran paquetes de papel enteros, pero puede ser que no los utilicen en su totalidad. Después de imprimir sus trabajos, además, los guillotinan, y algunos recortes pueden ser de tamaño más que suficiente para fabricar tus libros.

Cuando elegí el papel japonés que usamos en la invitación de nuestra boda, en la tienda de materiales de arte New York Central, me pidieron que trabajara con ellos en el departamento de papel. Acepté el trabajo para ampliar mis conocimientos. Si tienes cerca una buena tienda de materiales de Bellas Artes, habrá algún experto en papel. Haz por conocerlos. Es posible que te vendan barato el papel que tenga las esquinas dañadas, o incluso que lo donen para tu causa.

Fibra del papel

Conocer la dirección de la fibra del papel es fundamental. Durante el proceso de fabricación del papel, se hace circular una lechada fina, como una papilla, a través de un flujo de materiales sintéticos, y las fibras se alinean según la dirección de la corriente de agua. Cuando dobles el papel asegúrate de que la doblez se alinea con la dirección de esas fibras ("a fibra"), pues doblar "a contra fibra" ofrece más resistencia y es frustrante (y para unas manos pequeñas, incluso más difícil).

Coge un trozo de papel y, sin mirarlo, enrolla uno de los extremos y después enrolla el extremo perpendicular. ¿Notas cuál de las dos caras opone menor resistencia? Esto se aprecia con mayor facilidad al enrollar un taco de hojas.

También puedes cortar un cuadradito de papel de una de las esquinas de la hoja, dibujando una línea sobre esta para que puedas volver a colocar el pedazo en su sitio. Humedece el trozo de papel para ver cómo se riza al ir secándose; se rizará en el sentido de la fibra. A continuación, pon el cuadradito donde estaba haciéndolo coincidir con la línea y averiguarás cómo se distribuye la fibra en toda la hoja.

Otro modo de examinar la fibra es rasgando el papel. Cuando quiero arrancar un artículo del periódico, en una de las direcciones lo consigo fácilmente y me siento muy habilidosa, y cuando lo hago en dirección contraria, el papel va a lo loco. Se rasga mejor a fibra que a contra fibra.

Cosas básicas

Cuadernillos

La unidad básica de un gran número de estructuras de libro —como este que tienes en las manos— es el cuadernillo: una sección de papel plegado. Los libros que se encuentran en el mercado están guillotinados por el canto; sin embargo, los más elegantes no se guillotinan y presentan una leve ondulación formada por los picos del cuadernillo.

La edición en cartoné del libro *Éramos unos niños* de Patti Smith tenía el borde delantero sin guillotinar para darle un toque de estilo. Para uno de mis libros de "cómo hacer" pedí ese acabado, pero me dijeron que implicaba costes de producción adicionales y el precio del libro habría aumentado. No quise que mis lectores tuvieran que pagar un extra solo por un toque de estilo, pero lo que es curioso es que

Cómo doblar cuadernillos

Dobla un trozo de papel por la mitad: obtendrás cuatro páginas (¡magia!). 2=8, 3=12, 4=16. ¡Matemáticas locas! El número de páginas que incluyas en un cuadernillo depende del grosor del papel. En el caso del papel de impresora corriente, con 4-6 páginas debería quedar bien. Haz pruebas y descubre qué es lo que te gusta.

Materiales

Papel (varias hojas)
Plegadora

1 Para hacer un cuadernillo, apila varias hojas de papel manteniéndolas alineadas por la base.

2 Dobla el taco de papel por la mitad, a lo largo de la fibra (para saber más acerca de la fibra, ver página 13).

3 Antes de plegar, comprueba el corte delantero; verás que la hoja interior sobresale un poco, y que la hoja exterior es un poco más corta. Deberían ser simétricas, como una flecha vista desde arriba.

Cuando los niños están aprendiendo a doblar, la simetría no es el objetivo prioritario, pero a medida que se hacen mayores y su experiencia y coordinación ojos-manos aumentan, son capaces de hacerlo.

Hay quien ansía ser muy pulcro y considera que merece la pena dedicar tiempo adicional a doblar cada hoja por separado. El problema es que sigue siendo necesario que al reunir las hojas para formar el cuadernillo la exterior envuelva al resto, y para conseguirlo un pliegue muy marcado no ayuda.

en la producción de un libro resulte más costoso NO cortar que sí hacerlo. En los libros hechos a mano, guillotinar el canto es una tarea complicada y, si la cuchilla se resbala, el libro podría quedar arruinado. Creo que no merece la pena, sobre todo en el caso de libros hechos por niños.

El número de hojas de cada cuadernillo depende del gramaje o grosor del papel. Este libro tiene cuadernillos de 16 páginas, esto es, cuatro pliegos de papel ligero doblados por la mitad. Un libro de texto de matemáticas puede tener cuadernillos de 32 páginas (de papel más fino). Los grandes volúmenes, como las *Obras completas* de Shakespeare o el *Compact Oxford English Dictionary*, se imprimen en un papel muy muy fino y pueden tener incluso más páginas por cuadernillo.

Para doblar los cuadernillos es fundamental prestar atención a la fibra del papel. Si en alguna ocasión es necesario que dobles el papel a contra fibra, primero debes realizar el hendido. Pero hazme caso: diseña los proyectos en función de la fibra del papel que vayas a utilizar. No puedo remarcar lo suficiente la importancia de que los niños trabajen con un papel cuya fibra sea apta para el proyecto. Si a mí, una niña motivada, hija de un artista, que nació con un crayón en la mano, me resultaba frustrante doblar a contra fibra, a un niño que de entrada se siente más atraído por las resplandecientes pantallas es algo que verdaderamente puede desanimarle.

Como artista invitada, he visitado aulas para las que he diseñado proyectos en función de la fibra del papel, y después, una vez allí, me han proporcionado un material de fibra inapropiada. Los resultados han sido lamentables. Los niños se esfuerzan, pero luego renuncian y lo dejan, o no les gusta el resultado porque queda muy torcido.

Guardas y guarda volante

Cuando tengas los papeles decorados del capítulo 4, puedes utilizarlos para confeccionar guardas. Como las dos caras quedarán a la vista, puedes decorar ambas (deja que la primera cara se seque antes de darle la vuelta), o bien pinta ligeramente el reverso. Si el interior de un libro es sencillo y liso, unas guardas muy ornamentadas aportarán un elemento colorido y atractivo. En un libro historiado y florido, podrías optar por unas guardas lisas sencillas, de un color sólido, o bien con una textura interesante para crear contraste y proporcionar un aspecto diferente.

La primera vez que escogí unas guardas fue cuando diseñé mi primer libro en edición limitada con Dikko Faust, el fundador de Purgatory Pie Press, la editorial donde realizamos ediciones limitadas y libros de artista. Era un colorido papel *katazome-shi* (un papel de pasta japonés que se tiñe con plantillas). Utilizamos tintas de colores que combinaban con el papel. ¿Qué diseñaré para las guardas de este libro? Tal vez Jane, la ilustradora, dibuje algo. O podemos decantarnos por un estampado. O buscar un papel decorado bonito. Echa un vistazo a las guardas y comprueba lo que elegí al final. (Si tienes la versión e-book, le diré al editor que prometí incluir las guardas.)

Herramientas

Para hacer libros solo necesitas algunas herramientas básicas, e incluso puedes confeccionarlos prescindiendo de alguna de ellas; sin embargo, adquirirlas es una pequeña inversión que te facilitará la vida. A ser posible, guarda las herramientas en una caja bonita, así favorecerás una actitud adecuada para confeccionar libros. Mi caja de herramientas es originaria de Sudáfrica y está hecha con latas (latas JAPONESAS).

Cola y engrudo

Algunas colas son muy perjudiciales para el papel, pues aumentan su acidez. Otras pueden ser inflamables y tóxicas, aunque su olor no resulte desagradable, así que lee bien la etiqueta del envase. En una ocasión un alumno me trajo un pegamento transparente inodoro. Me pareció sospechoso porque no me resultaba familiar y parecía demasiado bueno para ser cierto. Leí la etiqueta y las advertencias eran terribles, pero el diseño del envase las presentaba tan sutilmente que podían haber pasado desapercibidas.

No uses pegamento de caucho: inhalarlo no es seguro, y hace que el papel se pudra. Cuando me lo dijo mi profesor de grabado, Richard Olson, no le hice caso, y en un par de años todas las creaciones que había encolado y montado con pegamento de caucho se habían puesto marrones.

El pegamento en barra (libre de ácido, resistente a la luz, permanente —no de los de quita y pon—) es estupendo para hacer pruebas de proyectos. Si después bruñes bien el papel, funcionarán. Bruñir consiste en friccionar el papel con una plegadora después de doblarlo o encolarlo. Al bruñir, debes aplicar mucha fuerza para obtener unos pliegues marcados y favorecer que las fibras del papel absorban la cola o el engrudo.

Las cintas de doble cara libres de ácido también pueden servirnos; "resistente a la luz" es una de las propiedades que debes buscar al elegir cintas adhesivas y pegamentos que no dañen tus creaciones.

Hacer engrudo en casa es sencillo y barato. El más básico se hace con agua y harina. Basta con aplicar una capa fina, pero los niños tienden a empastar demasiado. El engrudo no es pegajoso y su uso requiere paciencia. Otra cosa delicada del engrudo es el secado. La pasta tarda en secarse y puede empapar el papel, arrugándolo. Debes meterlo entre hojas de desecho y colocarle peso encima (ver página 22). Las hojas de desecho son hojas de papel limpio y barato, por ejemplo, de periódico, páginas de revista, etc. Debes ir cambiando varias veces las hojas hasta que el engrudo esté seco. Puedes elaborarlo tú mismo (ver página siguiente) o comprar una mezcla de pasta instantánea. Cuando mi primera hija era un bebé, pensé en usar sus papillas como engrudo. Igual funciona. El primer alimento sólido que le dimos a la segunda niña fue un plátano; quizás el plátano también sirva para pegar el papel, pero no lo recomiendo.

Engrudo

Esta pasta sirve tanto para elaborar papeles empastados como para encuadernar, y es perfecta para confeccionar exlibris (aplica una capa muy fina).

Materiales

Harina sin blanquear o agua de maicena
Agua
Un clavo (su aroma ahuyenta a los insectos; retíralo después de cocer la pasta)
Tazas y cucharas medidoras
Cuchara para remover y/o batir
Una olla corriente o una de doble fondo +/o bol apto para microondas
Fogón o microondas
Recipientes
Frigorífico

1 Mezcla una parte de harina con seis partes de agua hasta obtener una mezcla fina. Puedes usar maicena en lugar de harina, con una parte de maicena por 12 de agua. Si lo deseas, añade el clavo.

2 Pon la mezcla a cocer y remueve hasta que se endurezca y se vuelva translúcida. Se puede quemar, así que tal vez prefieras usar una olla de doble fondo (eso o no dejes de remover). Es como preparar pudin.

3 Tapa la mezcla y métela en el frigorífico; no la uses hasta pasadas unas horas. La pasta no dura mucho tiempo.

NOTA: Para preparar pequeñas cantidades, puedes cocer la mezcla en el microondas, en un tupper, deteniendo el microondas cada 15 segundos más o menos para remover. Cuando necesito poca cantidad de engrudo, utilizo una cucharada de café por dos cucharadas soperas de agua. Para los papeles empastados, preparamos cantidades más grandes y cocerlo en el microondas es lento.

Esta pasta es buena opción para hacer collages de papel. Aplica capas muy finas (¡menos es más!). No es una sustancia pegajosa, pero cuando se seca, aguanta.

Para áreas empastadas extensas, debes hacer capas con hojas de desecho para absorber la humedad y después aplicar peso. Ve cambiando las hojas para que se absorba la humedad. Si notas la pasta fría al tacto, es que no está bastante seca.

Cómo pegar piezas de collage

Tanto si usas pegamento en barra o una brocha con engrudo o cola, hay algunos trucos que facilitan el encolado de los collages. A veces en mi mesa de trabajo tengo un trapo húmedo para limpiarme los dedos mientras trabajo.

Materiales

Piezas para collage
Hojas de papel de desecho (una guía de teléfonos antigua —si todavía existen—, una revista o el reverso de hojas impresas)
Pegamento en barra resistente a la luz o brocha y engrudo (ver la receta en la página 17)
Papel o libro para montar el collage
Plegadora

1 Pon las piezas del collage boca abajo sobre un trozo de papel de desecho.

2 Recubre el collage, por la parte de atrás, con una capa muy fina de engrudo. El engrudo tiene que sobrepasar el borde del collage, pasando hasta el papel de desecho.

3 Con mucho cuidado, levanta cada pieza de collage y ponla en el libro. Cubre el collage con un trozo limpio de papel de desecho y brúñelo con la plegadora de hueso.

4 Cambia el papel de desecho por otro trozo limpio. Asegúrate de que no sobresale pegamento ni pasta por los bordes de las piezas del collage.

Pon tu libro bajo un peso (ver página 22). Pon una hoja de papel encerado junto al collage mientras está debajo del peso por si se sale el pegamento.

5 Cuando tocas el collage y ya no está fresco, es que se ha secado.

NOTA: Otro método consiste en escanear e imprimir o fotocopiar en color todas las piezas juntas en una sola hoja de papel, ponerle adhesivo seco por detrás y luego cortar las formas y utilizarlas como pegatinas.

Plegadoras

Las plegadoras no son caras, puedes encontrarlas por menos de cinco euros en muchas tiendas de materiales de arte o comprarlas por internet. Algunas son de hueso, otras de cuerno y hay algunas de teflón: estas últimas cuestan muchísimo, pero poseen características especiales para encuadernación profesional, ya que no sacan brillos al papel al doblarlo. Cuando realices el bruñido, puedes usar un papel en sucio para evitar esos brillos (aunque para trabajar con niños lo cierto es que no debes preocuparte de ello).

Otras plegadoras son de plástico o melamina, un material que a veces es más caro que el hueso real. Cuidado con los embalajes bonitos con contenido de melamina. No obstante, no es de origen animal, a no ser que consideremos que los combustibles fósiles son huesos prehistóricos. Peter D. Verheyen, responsable de la lista de correo Book Arts List Serve, mantiene que, por lo general, los combustibles fósiles son de origen vegetal.

Los niños también pueden usar palitos de helado, depresores de lengua o cucharas, aunque las plegadoras además son útiles para hendir, estampar y rasgar el papel (yo prefiero rasgarlo a cortarlo). Cuando era niña, frotaba los pliegues con los dedos. Recuerdo que mi madre usaba las uñas (las mías eran demasiado blandas).

Hilos

Utiliza auténtico hilo de lino de encuadernación. Se vende en bobinas con tanta cantidad que resulta más barato que otros hilos por metros. El hilo de algodón 100 % también puede ser adecuado.

A mí me gusta encerar el hilo (en parte porque me gusta el olor a cera de abejas). Para encerar hilo, pasa una hebra por un nódulo de cera. Yo consigo la cera en los mercados de productores. (También la utilizo para engrasar el papel de hornear, pero eso es para otro libro.) Parte del hilo de lino encerado que utilizo lo pido por correo (ese no huele a cera de abeja).

Puedes comprar hilo de lino sin encerar liso y teñirlo de colores con tinte casero (prepáralo en el microondas en recipientes de comida para llevar). Solo tienes que atar flojos unos ovillos pequeños, humedecerlos, sumergirlos en tinte caliente —o calentarlos durante un minuto en el microondas— y luego retirarlos, aclararlos en agua fría —sigue las instrucciones del envase— y tenderlos a secar. En un taller de serigrafía donde impartí clase, teñían el hilo sumergiéndolo en tazas con tinta para serigrafía, pero es posible que no la encuentres en tu lugar de residencia. Inténtalo con cualquier cosa que tengas. A mí no se me dio bien teñir hilo con tinta de estilográfica ni con fresas; sin embargo, el tinte Rit me funcionó muy bien.

Prueba el hilo para comprobar si es bueno y fuerte antes de usarlo para hacer un libro. Esta prueba también puedes hacerla con tus hilos de coser la ropa... para evitar pasar vergüenza si se te rompe. Para probar el hilo, haz lo siguiente: corta una hebra larga, enróllatela alrededor de los dedos de ambas manos dando varias vueltas, tira de él y trata de romperlo. Si lo consigues, el hilo no es lo suficientemente fuerte. Si sientes que vas a cortarte los dedos antes de que el hilo se rompa, es un buen hilo.

Agujas

Compra agujas romas (de tapicería o de zurcir) con ojos lo suficientemente grandes para que el hilo que vayas a usar pase por ellos.

En alguna ocasión me ha tocado enhebrar las agujas a todos los alumnos de la clase. Si ya coses, te sentirás cómodo con cuestiones como enhebrar una aguja. Sin embargo, existen diferencias con el cosido de libros. Usamos una hebra sencilla y no atamos un nudo al final, sino que anudamos los hilos después; de ese modo, el hilo tira del hilo y el nudo no oprime las fibras del papel.

Existe un método para asegurar el hilo en la aguja y que no se desenhebre (ver página 109). Después de aprenderlo, descubrí que también era útil para coser dobladillos.

Cosas básicas

Punzones

Mucha gente no conoce el nombre de esta herramienta fundamental. Un punzón es, básicamente, una aguja afilada con mango (similar a un destornillador).

Las agujas afiladas tienen el riesgo de hacer agujeros desatinados fácilmente, por eso los encuadernadores utilizan primero un punzón para perforar los ojales y después cosen con agujas romas. Así, el papel no se perfora por error ni te pinchas los dedos cosiendo.

La punta del punzón es muy puntiaguda, y mi editora Joy quiere que os advierta de ello para que no os saquéis un ojo. No dejéis que los niños correteen por ahí con un punzón en la mano; usadlos en un entorno seguro y controlado.

Utiliza un punzón con la punta recta y afilada. Las agujas de alfarero o de grabado también te pueden servir. Y si estás trabajando con un grupo de niños, las chinchetas y los alfileres T-Pin también son útiles.

La práctica de la encuadernación se ha hecho muy popular y encontrarás materiales en muchas tiendas de arte. Algunos de mis alumnos han comprado punzones muy bonitos con un mango ovalado de madera, aunque las puntas de estos punzones tienden a partirse (¿tal vez porque este mango permite aplicar demasiada presión?) Y, además, son más caros. Así que dile al dependiente de tu tienda que Esther K. Smith dice que esos no son buenos y que deberían tener punzones más resistentes y más baratos.

En mi caja de herramientas guardo un puñado de punzones para los alumnos que olvidan traer el suyo. Antes solía pincharme los dedos al cogerlos, hasta que en una feria de libros en Pyramid Atlantic, cerca de Washington D.C., conocí a una encuadernadora que me contó que ella protegía las puntas de los punzones con corchos de botellas de vino. Le comenté que yo apenas bebía vino y, al día siguiente, encima de la mesa de mi puesto de la feria, tenía una bolsa llena de corchos. Ella y su marido se toman una botella en la cena cada noche.

Tijeras

En una ocasión vi a una familia de turistas en el metro de Nueva York: una mujer, su bebé, su madre y su abuela (cuatro generaciones). Llevaban un carrito de bebé grande y pesado y hablaban en una lengua con sonidos "shw". No me atreví a preguntar, pero creo que eran polacas. Tenían los pómulos bellos y anchos, y eran rollizas y preciosas.

La mujer llevaba en brazos al bebé; cuando un pasajero les ofreció su asiento, ella sacó su *smartphone* —que llevaba protegido con una funda impactante— y se lo dio al bebé. La niña, que no era lo suficientemente mayor como para caminar, sujetaba el teléfono y manejaba la pantalla como una experta.

Esto me hace pensar: cuando esa niña sea adulta, ¿recordará los *smartphones* como recordamos nosotros las máquinas de escribir? Como algo tan pintoresco, tan guay, tan retro. ¿Cuál será el nuevo dispositivo? Y pienso: ¿sabrá pasar las páginas de un libro? ¿Y dibujar con un lápiz? ¿Y cortar con tijeras?

He enseñado a muchos niños a cortar con tijeras. En los colegios, cada lote de tijeras incluía una para zurdos; si tu hijo es zurdo, la necesitas. Por lo general comienzo enseñando a los niños a cogerlas. Dibujo líneas de flecos en los bordes del papel y les ayudo a recortarlos, haciendo un corte por línea. Vamos progresando hacia formas sencillas que deben seguir recortando —todo esto requiere tiempo, unos días de práctica, poco a poco— y después ya saben recortar. Una vez, en el MoMA, hubo una exposición de recortes de papel de Matisse. Usaba unas tijeras enormes. Matisse creció en una familia dedicada a la industria textil y trabajaba con cizallas de sastre.

Cuando era niña, además de mis tijeras infantiles con las puntas romas, teníamos las de mi madre (flojas y desafiladas) y las de mi padre (estaban afiladas y no debían usarse para cortar papel). En mi grupo de *girl scouts* de cuarto curso hicimos coronas de navidad. Tuvimos que cortar bolsas de tintorería de plástico en cientos de tiras de 5 × 15 cm para atarlas alrededor de perchas de alambre estiradas. Con las tijeras de mi madre NO era posible cortar aquel material sin que se enredara, así que resultó un proyecto difícil y frustrante. Pero aprendí a apreciar el valor de unas buenas tijeras, así que supongo que mereció la pena.

Utiliza tijeras de calidad para estos proyectos. Ayuda a tus hijos a que aprendan a usarlas correctamente y supervisa la seguridad. Más adelante, cuando sean muy viejos, como Matisse, y si sienten la necesidad, podrán pasarse el rato sentados en una silla, rodeados de maravillosos ayudantes y creando magníficas obras a base, simplemente, de recortar.

Las hojas romas son más peligrosas que las afiladas. Esto es algo que no entendí hasta que, un día, cortando un trozo de queso duro un cuchillo desgastado, este resbaló y me corté el pulgar. Puf. Así que, de nuevo: utiliza unas buenas tijeras. Es probable que en tu barrio haya algún sitio donde afilen cuchillos y tijeras. Fiskars fabrica tijeras para niños de precio asequible; no son superbaratas, pero merece la pena pagar ese precio.

Hay un montón de tijeras con hojas de formas disparatadas. Pero me he dado cuenta —tras haber invertido en unas cuantas— de que no las uso. Mis tijeras sencillas y afiladas cumplen mejor su función. Los materiales de un solo uso no merecen la pena teniendo en cuenta el espacio que ocupan. Lo digo desde la perspectiva de inquilina de un piso en una gran ciudad (aunque puede que tú dispongas de espacio suficiente para almacenar materiales de manualidades de un único uso).

Las tijeras de manicura, pequeñitas y delicadas, también son útiles. Para los niños más mayores pueden ser una gran opción a la hora de recortar detalles que de otro modo requerirían de un bisturí. No recomiendo que los niños usen cuchillos. Y los adultos —incluso quienes tengan mucha experiencia trabajando con cuchillos— deben ser muy cuidadosos. Cuando hay cuchillos de por medio, a mis alumnos les digo que traigan tiritas. Por lo que a mí respecta, me gusta rasgar el papel y cortar con tijeras.

Hoy en día, algunas tijeras vienen con fundas de plástico duro para proteger las hojas, así que puedo llevarlas en el bolso sin preocuparme de que pinchen. En cierta ocasión, después de haber visto la exposición de recortes de Matisse, me resultaron muy útiles: el metro se quedó parado y yo saqué mis tijeras y mi cuaderno y me puse a recortar hojas en forma de serpiente, a lo Matisse, hasta que nos pusimos de nuevo en marcha.

Cuando viajo siempre facturo mis tijeras y mis herramientas de encuadernación con el equipaje. Hace años, a la abuela de mi marido, de 95 años, le confiscaron su aguja de ganchillo. Era un ganchillo grande, para hacer alfombras de trapos. En el blog de manualidades MAKE aconsejan llevar siempre un sobre de franqueo pagado para que te envíen todo lo que no esté permitido subir al avión y así no pierdas tus herramientas para siempre.

Redondeadoras de esquinas

A Bruno, que ha hecho algunos de los proyectos que aparecen en este libro, le encanta usar redondeadoras de esquinas. Y a mí también: es divertido. Comencé a usarlas cuando ayudaba con las labores de encuadernación en el Metropolitan Museum. Redondeábamos las esquinas de los folletos y otras cosas, no para que fueran más elegantes, sino porque las esquinas tienden a deteriorarse y las redondeadas son menos delicadas. Hay redondeadoras industriales muy bonitas y resistentes; un amigo de California tiene una que es un modelo antiguo con pedal (pero también se encuentran redondeadoras buenas y baratas).

Pesas para libros

Después de plegar o encolar tus proyectos, debes colocarlos debajo de algo pesado. Hay muchos tipos de pesas y muchos métodos para fabricarlas. Tal vez ya tengas un pisapapeles, una plancha de ropa antigua o unos sujeta libros que pesen mucho. Nosotros tenemos unos de geoda preciosos que nos regaló mi cuñada, Sherry. Nuestro regalo de boda más útil (gracias de nuevo, Sher).

En los talleres de encuadernación tienen prensas para libros que, como la imprenta de Gutenberg, guardan relación con las prensas de queso, las de vino y las de flores: disponen de una rueda que se aprieta para aumentar la presión.

Pesas planas

Úsalas para aplicar peso sobre superficies lisas, dobladas o encoladas y planas, como cuadernillos plegados, libros acordeón o bisagras encoladas. Las planchas de ropa planas y los pisapapeles también sirven como pesas.

Materiales

Papel grueso, tela de encuadernación, tela corriente o calcetines desemparejados
Cola y/o cinta adhesiva
Algo pesado (un ladrillo o un bloque de hormigón)

El método más sencillo: introduce un ladrillo dentro de un calcetín. O también:

1 Envuelve el ladrillo o bloque con papel grueso o tela de encuadernación, como si prepararas un regalo.

2 Pega con cola o cinta adhesiva el papel de envolver o la tela de encuadernación y séllalo.

Serpientes

En las ocasiones en las que quieras añadir un motivo tridimensional a un libro, ponerle peso encima puede ser un proceso delicado. No puedes colocarlo sin más debajo de una pesa plana (¡lo destrozarías!). En estos casos necesitas una pesa blanda y flexible; puede ser algo tan sencillo como un paquete de arroz o de guisantes.

Materiales

Tela (puedes utilizar un calcetín o media de tejido tupido)
Arroz, lentejas o trigo sarraceno seco, arena limpia o plomos de pesca (unos perdigones también pueden servir)
Aguja e hilo o una máquina de coser
Tijeras resistentes y afiladas

---

1 El método más sencillo es buscar un calcetín desemparejado de tejido tupido y sin agujeros. Rellénalo, sin apretar, con arroz, trigo sarraceno, lentejas secas, guisantes o plomos de pesca.

2 Ata el extremo abierto para sellarlo. Un método más complejo consiste en dar una vuelta al extremo abierto, sujetarlo y coserlo con unas puntadas. También puedes pasar un pespunte con la máquina de coser.

3 Para evitar fugas, mete los pesos en una bolsa de plástico antes de introducirlos en el calcetín.

También podrías realizar esta operación con una pernera de unos leggins o unas medias, o con una manga de una camiseta de manga larga. En este caso, asegúrate de atar o pespuntear ambos extremos.

4 Otro método algo más complicado es coger una pieza rectangular de tejido, doblarla por la mitad a lo largo y coser la parte inferior y el lateral. Una vez cosida, dale la vuelta a la bolsa, de dentro para afuera, de modo que las costuras queden en el interior. Llénala de arroz seco, guisantes o pesos (o mete dentro una bolsa de plástico llena de arroz, guisantes, etc.). A continuación, cierra el lado que sigue abierto con un pespunte. Para que el arroz o lo que hayas metido dentro no se te escape, da puntadas pequeñas y apretadas y usa un tejido tupido.

La pesa puede ser del tamaño que quieras. Algunas personas confeccionan serpientes, que también son útiles para mantener abierto un libro (este libro, por ejemplo), y te permiten leer las instrucciones y al mismo tiempo tener las manos libres para trabajar. Si haces una serpiente, asegúrate de utilizar un trozo de tejido largo y estrecho en el paso 4, rellénalo y cóselo para sellarlo.

2 HACER LIBROS QUE SE PLIEGAN

Coge una hoja de papel corriente y dóblala por la mitad. *Voilà!* Ahora tienes cuatro páginas: anverso, reverso, anverso, reverso. Parece magia. El plegado es la base de la mayoría de los libros, pero para los niños pequeños doblar puede suponer todo un reto. En poco tiempo sus deditos se ejercitarán —palpando la textura del papel, jugando con los colores, dibujando y escribiendo historias— y terminarán por hacerlo con habilidad. Lo más importante es que dobles el papel a fibra (y no a contrafibra).

En algunos proyectos, como el libro acordeón con bolsillo secreto (página 26), tendrás que doblar a fibra y a contra fibra; en estos casos, utiliza un papel ligero y, si es necesario, realiza un hendido previo.

Aunque la plegadora será tu herramienta de cabecera, también puedes hacer pliegues con los dedos. Me acuerdo de cómo repasaba el pliegue del papel con los dedos cuando era niña, mientras mi madre, por su parte, usaba sus uñas fuertes y duras. Al principio es posible que usar plegadora ralentice tu trabajo, pero cuando te sientas cómoda con ella será como disponer de un dedo extra muy fuerte. Ojalá hubiera una herramienta que fuese como una mano adicional.

El perfeccionismo es la cruz de la creatividad. Los niños tienen que practicar bastante hasta que los pliegues les salgan bien, pero, aunque los bordes no les queden muy parejos, disfrutarán igualmente de los libros que hagan y los valorarán más adelante. Lo importante es que vivan la experiencia de doblar y crear sus propios libros. Lo importante es lo que ponen en sus libros y cómo mejoran su técnica artesanal a base de practicar. Y también que una vez que la dominen siempre sabrán cómo hacerlo. Los dibujos con los que ilustran sus libros pueden ser el comienzo de historias que escribirán cuando sean mayores. Los libros que hacen ahora pueden ser el germen de un proyecto arquitectónico, de un edificio o de un puente que diseñarán y construirán en el futuro.

Libro acordeón con bolsillo secreto

Una vez hice estos libros en un taller para niños de la librería McNally Jackson Books de Nueva York. Dos de los niños dibujaron rascacielos en sus acordeones y, al abrirlos, surgía una ciudad. ¿Qué vas a dibujar en tus acordeones? ¿Y qué ocultarás en los bolsillos secretos?

Materiales

Una tira larga de papel ligero de fibra corta

Papel para cubiertas de un color que contraste, de fibra corta y lo suficientemente grande para envolver el acordeón

Plegadora

Regla

Rotuladores y/o materiales para collage

Cola y/o cinta de doble cara

Tijeras

1 Utiliza la regla y la plegadora para marcar sobre el papel la ubicación del bolsillo, más o menos en el tercio superior de la hoja y alineado a lo largo, como se muestra en la ilustración.

2 Dobla el bolsillo y resigue la doblez con la plegadora.

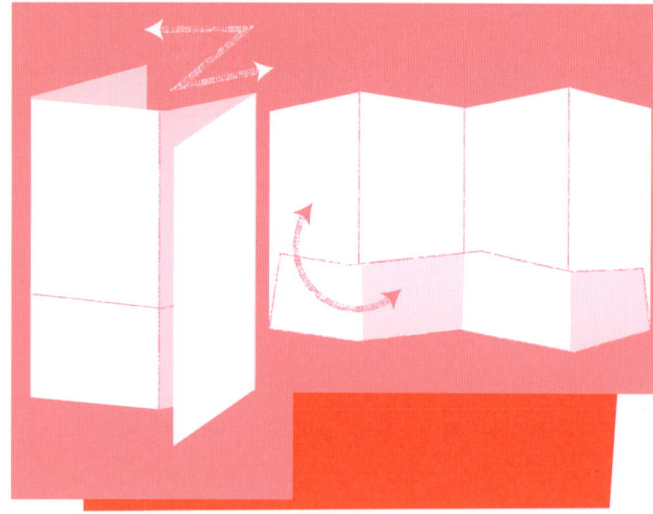

Cubierta

1 Marca un bolsillo pequeño.

2 Dobla el bolsillo.

3 Desdobla el bolsillo y dobla un lado hacia dentro para crear una solapa en la cubierta.

4 Abre la solapa y vuelve a doblar el bolsillo. Bruñe con la plegadora.

5 Inserta el bolsillo del acordeón lleno dentro del bolsillo de la solapa de la cubierta.

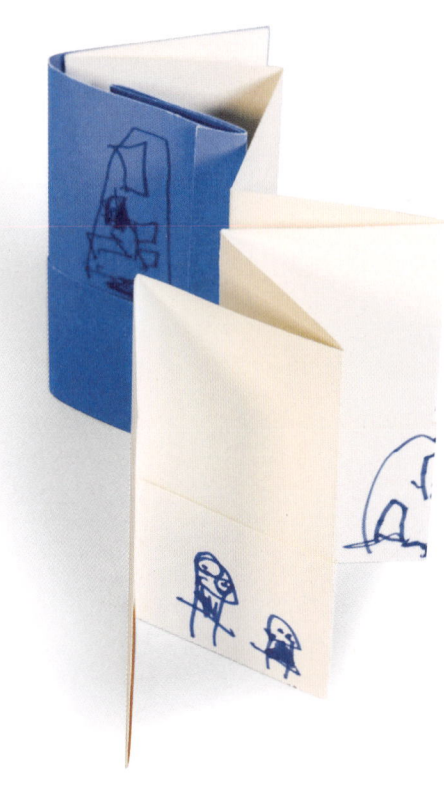

3 Abre el bolsillo. Dobla el papel formando un acordeón (del tamaño que prefieras; si no queda igualado, el sobrante te vendrá bien para pegar la cubierta.).

4 Despliega el acordeón. Vuelve a doblar el bolsillo. Dobla de nuevo el acordeón con el bolsillo incorporado y bruñe con la plegadora.

5 Decide: ¿quieres un bolsillo secreto? Si es así, dibuja algo inocente en la cara exterior del bolsillo y algo secreto en la interna.

Si no va a ser un bolsillo secreto, puedes dibujar en la cara exterior de este.

O puedes hacer un collage en el acordeón. O las dos cosas.

6 Cubre cuidadosamente el acordeón con la cubierta; el ancho del lomo de la cubierta tiene que coincidir con la parte más gruesa del libro. Deja margen suficiente para el grueso del lomo.

Tesoro secreto
(Bolsillos para piezas)

¿Qué te gustaría guardar en los bolsillos de tu libro acordeón? Cualquier cosa pequeña y plana sirve. Tiritas, figuritas de papel origami, pegatinas, frases de galletitas de la suerte, fotos de revistas, incluso globos (¡pero antes de hincharlos!).

1 Busca pequeños tesoros secretos o recorta siluetas más pequeñas que los bolsillos y dibuja sobre ellas.

2 Llena el bolsillo del acordeón con tesoros secretos.

7 Dobla el otro extremo del acordeón y, si es necesario, recorta la cubierta para ajustarla.

O, si el acordeón no ha quedado uniforme, pega el extremo sobrante por dentro de la cubierta (al lomo, a la cubierta anterior o a la posterior).

Cuando el interior del acordeón tenga listos los bolsillos y los encartes secretos, la cubierta se dobla alrededor y se inserta dentro del bolsillo de la cubierta para mantenerse cerrada.

Hacer libros que se pliegan

29

Acordeón rascacielos

Vas a crear el *skyline* de una ciudad con unas tijeras, como si dibujaras con ellas. Al plegar el acordeón, en el espacio vacío aparecen los edificios más altos. Si te impone recortar un papel de calidad, entrena primero recortando un sobre viejo o panfletos de propaganda. Puedes utilizar como referencia una tarjeta postal o, si vives en una ciudad, mira por la ventana y ¡adelante!

Materiales

Rectángulo ancho de papel de fibra corta
Plegadora
Tijeras resistentes y afiladas
Materiales de dibujo (rotuladores, pintura al agua)

Opcional

Materiales para collage
Adhesivos
Sellos de goma

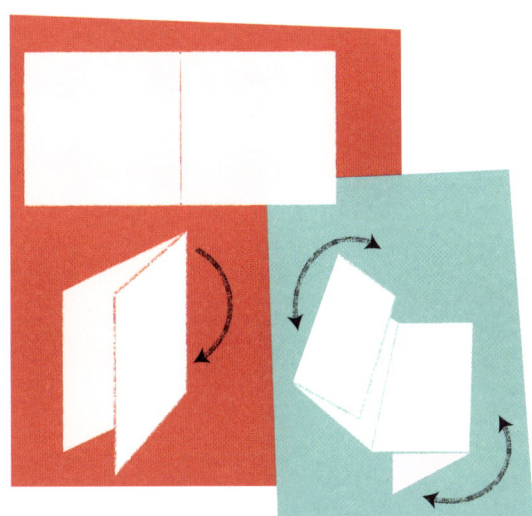

1 Dobla el papel por la mitad en el sentido de la fibra haciendo pliegues en acordeón, como se muestra en la ilustración. Bruñe siempre los pliegues. Dobla tantas páginas como desees.

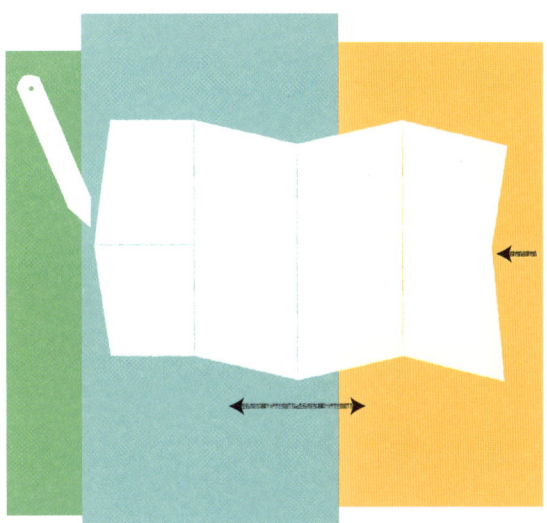

2 Abre el papel y dobla por la mitad y a contra fibra uno de los paneles de los extremos. Dobla el otro extremo por la mitad, justo lo necesario para marcarlo en el centro, como se muestra en la ilustración.

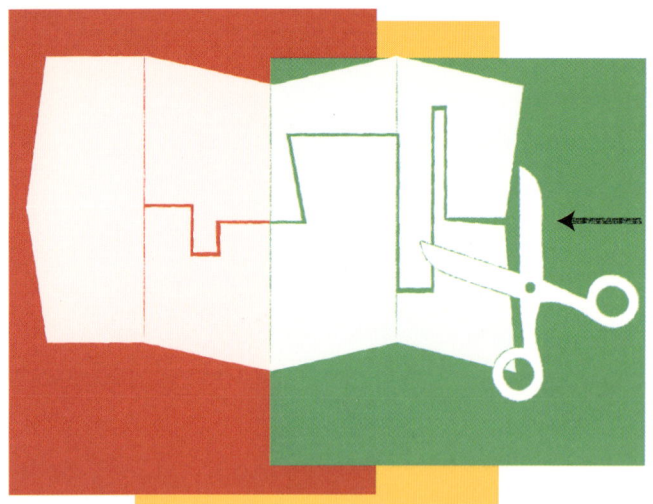 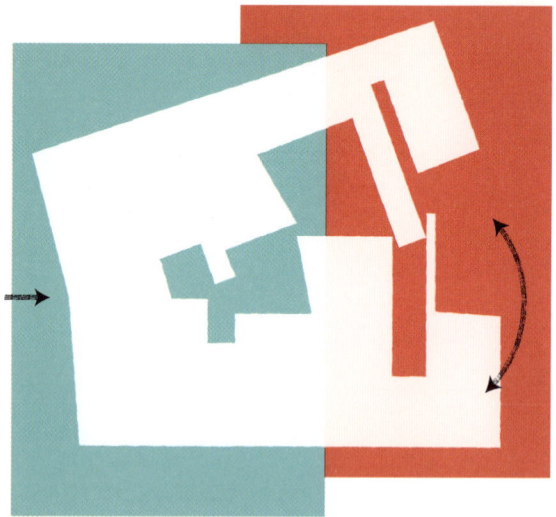

3 Comenzando en ese punto medio, recorta el *skyline* de la ciudad, con cuidado de no acercarte demasiado a los bordes superior o inferior (deja al menos un cuarto de papel sin cortar).

4 Corta el *skyline* hasta que alcances el último panel doblado. Detente en el medio, justo en ese pliegue.

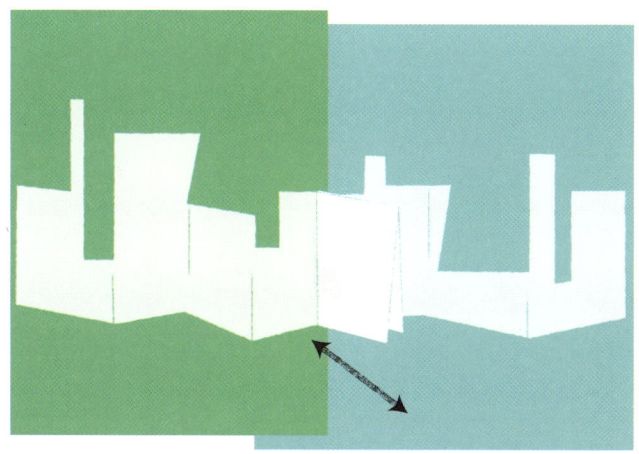

5 Revierte los pliegues necesarios para crear un libro en acordeón, como se muestra en la ilustración.

6 Decora el acordeón con dibujos y/o collage.

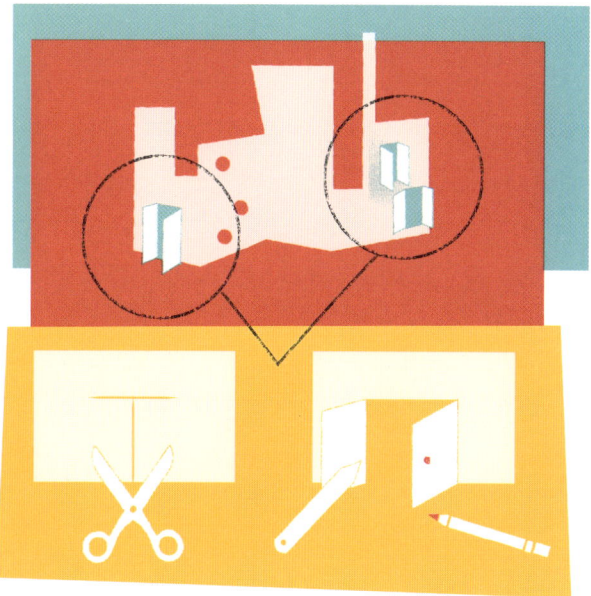

7 Puedes recortar puertas y ventanas en el pliegue.

Consejo: ¡Incluso puedes añadir algún pop-up! (Ver página 58.)

Hacer libros que se pliegan

33

Acordeón campestre

Dobla el papel para que en vez de alto sea ancho y largo. En lugar de un *skyline*, recorta montañas y colinas sinuosas. Dibuja animales, graneros, árboles, etc.

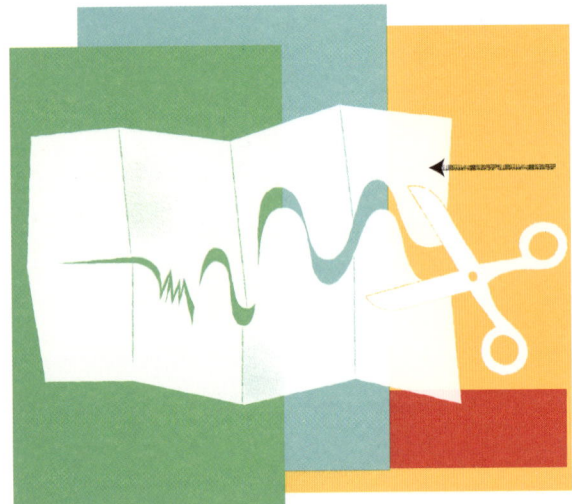

Acordeón submarino

En este caso, recorta olas y dibuja peces y buceadores, algas y tesoros hundidos.

Acordeón de Wellfleet

Recorta olas festoneadas como se muestra en la ilustración —el espacio negativo formará las dunas de arena—. Dibuja elementos marinos en el agua y cosas de playa en las dunas.

Libro salamandra serpenteante

Esta es una versión de lo que llamo acordeón instantáneo, y acabo de descubrir que lo inventó mi compañero Scott McCarney. Yo lo aprendí de una de mis alumnas en un taller que impartimos en Harvard. Lila Stevens, de diez años, y su madre, Abby Schoolman —una librera que vende libros raros— vinieron a hacer libros conmigo. Esta estructura con forma de serpiente fue idea de Lila, que también es la autora de la serpiente de color verde que aparece en la página 37.

Materiales

Papel
Plegadora
Cola
Tijeras
Materiales de dibujo/collage

1 Dobla el papel en cuartos en ambas direcciones. Repasa los pliegues con la plegadora. Al desdoblarlo obtendrás cuatro secciones horizontales y cuatro verticales.

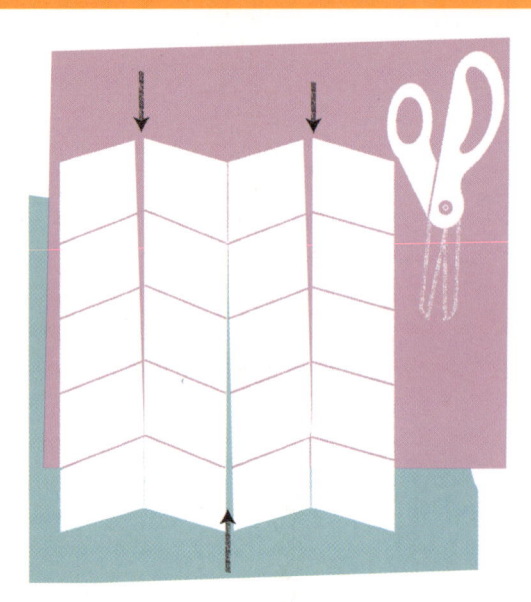

2 Corta las tres dobleces interiores tal como se muestra en la ilustración. Haz el primer corte en la primera doblez superior vertical, cortando de arriba abajo y dejando el último cuadradito intacto. En la segunda doblez vertical, corta de abajo arriba en dirección contraria, dejando el último cuadradito superior intacto. En el tercer pliegue, vuelve a cortar de arriba abajo, como en la primera doblez.

Hacer libros que se pliegan

3 Pliega en acordeón comenzando por la esquina superior izquierda. Cuando llegues a los cuadraditos que están sin cortar, pliégalos también normalmente y continúa doblando los demás, hasta que toda la pieza esté plegada en acordeón.

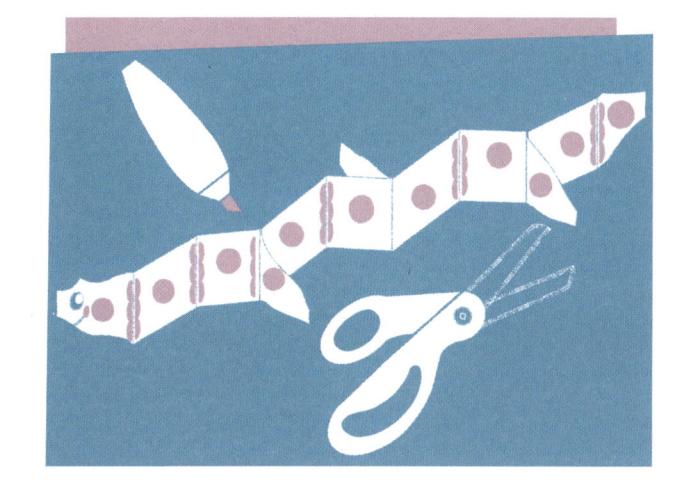

5 Cuando el libro esté seco, haz recortes en las piezas que están pegadas (que son más gruesas) para crear adornos. Recorta el primer cuadradito en forma de cabeza y el último en forma de cola.

6 Remata el libro con dibujos y/o collage.

4 Encola las caras interiores de los cuadraditos sin cortar que has plegado en el paso 3, para que quede solo una sección de dos caras como las demás. Bruñe bien y deja secar colocando peso encima.

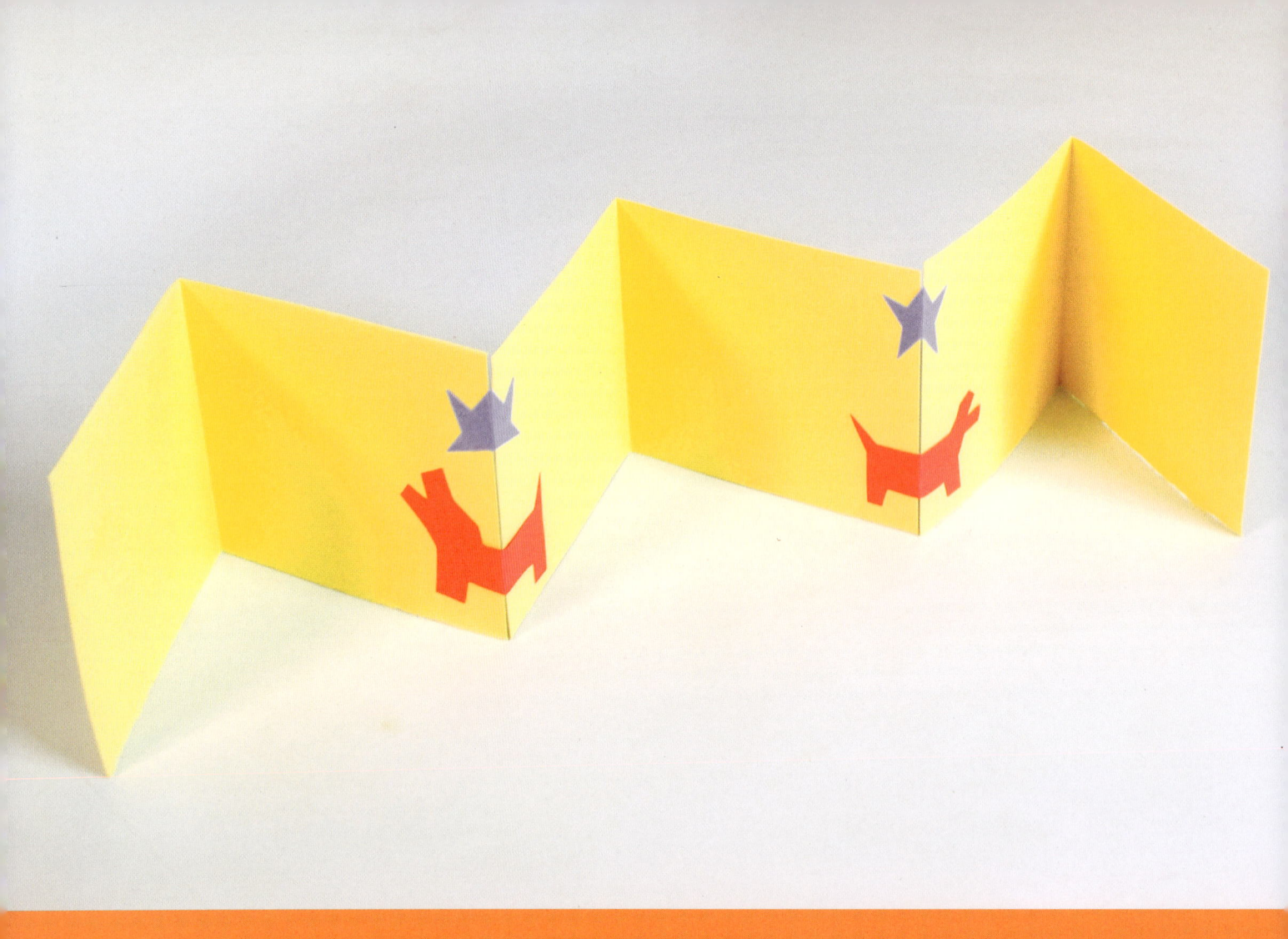

Acordeón con bisagras de perro y estrella

Como no existe ningún papel que sea supersuperlargo, tienes que ingeniártelas para alagar el que tengas: uno de los métodos para conseguirlo consiste en unirlo con bisagras a otro trozo de papel. Puedes confeccionar bisagras discretas, que pasen desapercibidas, o hacer algo divertido con ellas: que sean llamativas y se conviertan en las estrellas de tu libro. Hum. Hablando de estrellas…

Materiales

Papel (de un color para las páginas y, si quieres, de otro para las bisagras)
Plegadora
Tijeras
Pegamento en barra o cinta de doble cara
Materiales para dibujo y/o collage

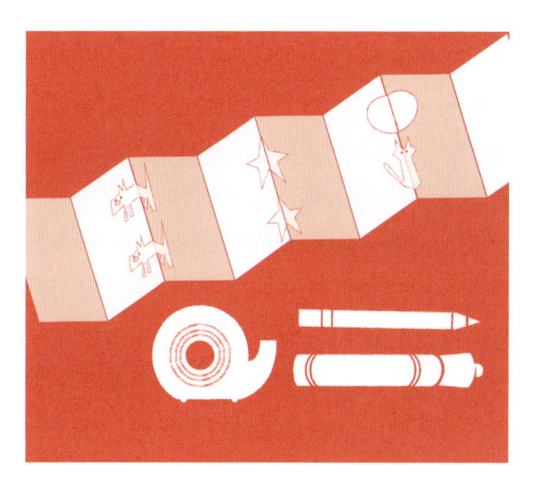

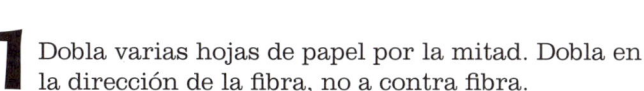

1 Dobla varias hojas de papel por la mitad. Dobla en la dirección de la fibra, no a contra fibra.

2 Dibuja siluetas o animales sobre papel de un color que contraste, prestando atención a la dirección de la fibra. Recórtalas y dóblalas por la mitad. Motivos como gatos, perros, estrellas y soles son una buena opción para decorar las bisagras.

3 Ahora une las distintas hojas plegadas que tienes, alineándolas por la base de modo que los bordes exteriores coincidan. Pega las siluetas que has recortado de forma que unan estos bordes. Colócalas en las partes superior e inferior del papel, dejando un poquito de margen con los bordes. Ya tienes tus bisagras.

4 Ahora, si quieres, puedes dibujar o hacer un collage en tu libro. Aunque tal vez con las bisagras de dibujos disparatados no necesites más decoración, y con ilustrar la primera y la última página puedes tener suficiente. O también puedes añadir unas cubiertas (ver página 100). Si quieres añadir más adornos, dibuja algo y/o haz un collage para las cubiertas.

Acordeón con bisagras incorporadas

Para confeccionar libros acordeón, debes doblar a lo largo en la dirección de la fibra del papel. Lo ideal sería que usaras una tira muy ancha de papel de fibra corta. Si tu papel no es lo suficientemente largo, puedes añadir páginas mediante bisagras.

Materiales

Varias hojas de papel de fibra corta
Plegadora
Pegamento en barra o cinta de doble cara
Pesas planas (página 22)

1 Determina la dirección de la fibra del papel (ver página 13). Corta o dobla y rasga el papel en tiras que tengan la misma altura que el libro que quieras hacer. Prueba a hacer esto con papel normal de impresora.

2 Para confeccionar la bisagra, haz una doblez de aproximadamente la anchura de un dedo pulgar en el extremo de una de las tiras. Pule con la plegadora. Ahora haz lo mismo con las otras tiras.

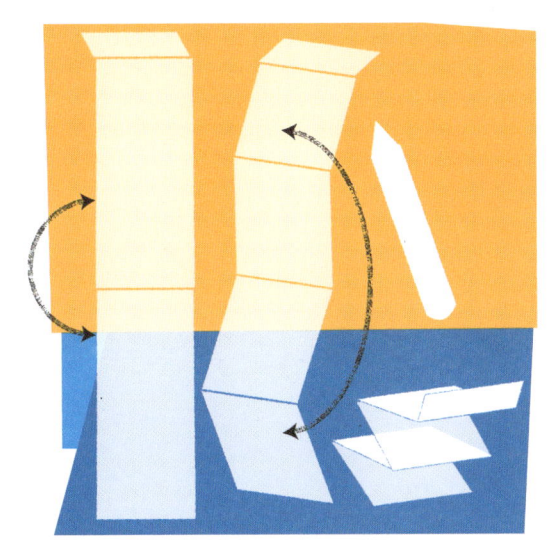

3 Dobla una de las tiras por la mitad. Asegúrate de que los bordes se alinean correctamente. Dobla de nuevo cada mitad por la mitad. Sigue doblando por la mitad hasta que obtengas un tamaño de página que te agrade, revirtiendo los pliegues cuando lo necesites.

Repite el proceso hasta obtener todas las páginas de tu libro.

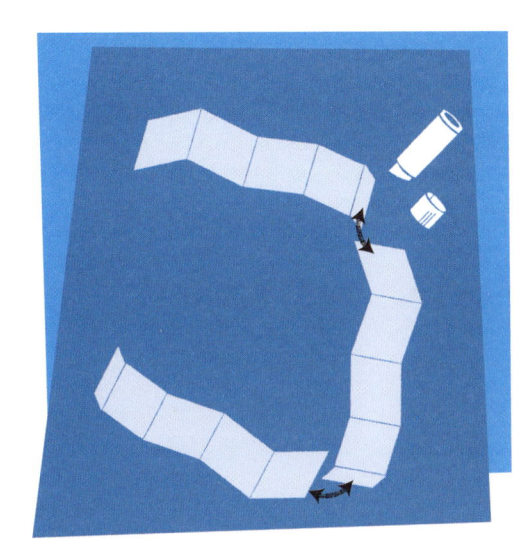

4 Cuando tengas todas las páginas dobladas, júntalas pegándolas con engrudo, cola o cinta de doble cara, uniendo la bisagra a la siguiente sección, como se muestra en la ilustración, y puliéndolas con esmero.

5 Revierte los pliegues según sea necesario para que el acordeón se extienda y se cierre.

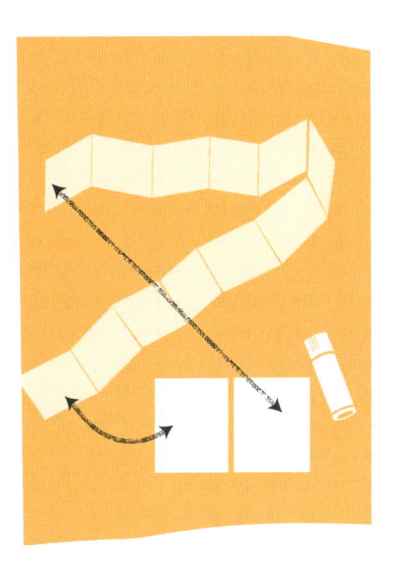

6 Pega la parte delantera y trasera del acordeón (ver página 100).

7 ¡Ahora dibuja algo en tu libro! ¿Qué vas a dibujar? ¿Tu perro, tu gato, tu osito de peluche, un pulpito doméstico?

Hacer libros que se pliegan

41

Acordeón recortable

De niña, aprendí a recortar acordeones de personas cogidas de la mano. Sin embargo, el artista Michael Bartalos, con quien trabajé en el libro de artista *Vishnu Crew Stews Vindaloo Anew*, publicado por Purgatory Pie Press, nunca había hecho ese tipo de cosas de pequeño, así que le enseñé cómo hacerlo. Diseñamos el libro y troquelamos papel, aluminio y acero. Cuando le pedí a Michael y a su hijo Bruno que participaran en *Taller de libros para niños*, elaboraron este libro de estrellas. Puedes probar a hacer uno parecido o crear otro con la forma que desees.

Materiales

Una tira larga de papel de fibra corta que sea fácil de plegar y cortar, pero que tenga robustez suficiente para mantenerse de pie

Plegadora o cuchara para pulir los pliegues y las cubiertas encoladas

Lápiz

Tijeras afiladas

Materiales de dibujo/collage

Papel más grueso o cartón fino para las cubiertas anterior y posterior (puedes reutilizar una caja de galletas o cereales)

Pegamento en barra, engrudo y/o cinta de doble cara

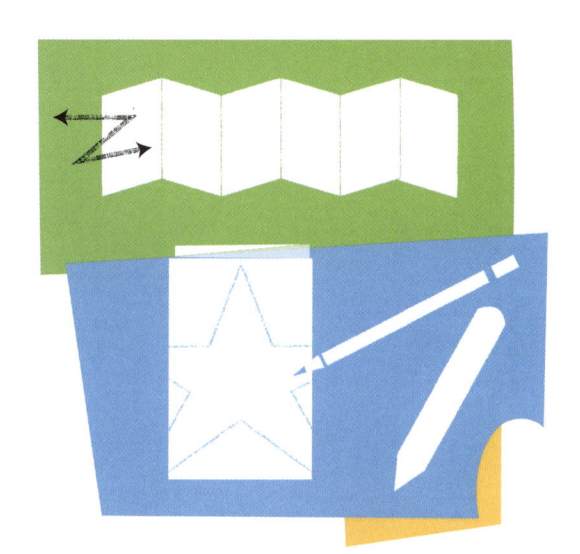

1 Dobla en acordeón un trozo largo de papel de fibra corta. Pule los pliegues como de costumbre. Si el papel no es lo suficientemente largo, usa unas bisagras (ver página 40).

2 Sin marcar demasiado, dibuja una silueta que se prolongue hasta los pliegues.

3 Recorta la silueta teniendo cuidado de mantener los pliegues intactos.

4 Despliega el acordeón.

5 Si lo deseas, añade detalles con dibujos y collage.

6 Crea dos cubiertas calcando la silueta que has diseñado sobre el papel grueso o el cartón. Recórtalas de un tamaño un poco más grande que el libro acordeón silueteado.

8 Decora las cubiertas con dibujos, pintura, collage, etc. Si vas a elaborar algo que pueda ensuciar, protege el interior del libro envolviéndolo con papel de desecho.

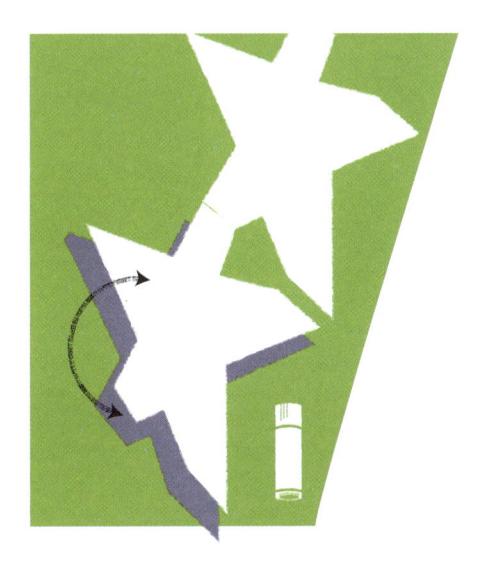

7 Pega las cubiertas en la primera y la última página del libro. Después de aplicar cola, bruñe siempre con la plegadora. Déjalo secar poniendo peso encima (ver página 22).

Hacer libros que se pliegan

45

Acordeón autobiográfico

Cuando mi hija estaba en sexto curso, la profesora de historia les pidió que hicieran una cronología de sus vidas poniendo una foto por cada año. La idea era que pegaran las fotos sobre una tira larga de papel, pero yo pensé que un libro acordeón sería mucho más cómodo para llevarlo en el autobús escolar y, además, serviría para proteger mejor las fotos.

Algún tiempo después, en una exposición de arte, vi un libro acordeón de 100 páginas. En cada una de ellas había una foto de una persona cuya edad coincidía con el número de la página. El libro mostraba personas diferentes —de lugares diferentes, con colores de piel diferentes, vestidos con ropas de culturas diferentes—, pero se podía ver la progresión de bebé a adolescente, a padre, a abuelo, a tatarabuelo, a una de las personas más viejas del mundo.

Materiales

Lápiz y bloc de dibujo o papel en sucio para pegar las fotos (una por cada año de tu vida)
Papel para cubiertas de fibra corta
Plegadora
Pegamento en barra, cinta de doble cara o engrudo y cola con brocha
Tijeras
Esquineras, cuchillo X-Acto o cúter
Materiales de dibujo que no manchen para escribir los números de página

Opcional

Redondeadora de esquinas
Cartón fino (puedes reutilizar una caja de cereales)

1 ¡Diseña y traza un plan! Para hacer este libro necesitas organización. Yo siempre hago primero un boceto en mi cuaderno para precisar los detalles del proyecto. ¿Cómo de grande es el papel? ¿Cómo de grandes son las fotos? ¿Qué tamaño de foto queda bien con el papel? Debes diseñar el libro de modo que la superficie de cada página sea mayor que la de las fotos.

Puedes usar fotos digitales e imprimirlas todas al mismo tamaño. Si usas fotos en papel, apílalas una encima de otra: ¿son de dimensiones distintas? En caso afirmativo, la foto más grande determinará las dimensiones del libro.

Coge la foto más grande y calcula el tamaño del papel. ¿Cuál debe ser? Pues el que tú quieras; ¿cuál crees que quedará bien? Puedes colocar la foto sobre un trozo de papel corriente, ir doblándolo con varias anchuras y observar qué márgenes resultan más atractivos.

2 Dispón una página por foto. Para un niño de diez años necesitarás diez páginas. Si tiene seis años, seis páginas. Si quieres incluir más de una foto por año, añade más páginas.

Puedes pegar la primera foto en la cubierta o puedes diseñar otro tipo de cubierta, poniendo tu nombre, o tu nombre y tu fotografía favorita. O lo que te apetezca. Tú eres el diseñador. ¿Qué tal queda sobre el papel lo que has elegido?

3 Dobla en acordeón las páginas y confecciona las bisagras (puedes consultar las instrucciones para crear acordeones con bisagras en la página 40). Pule los pliegues con la plegadora.

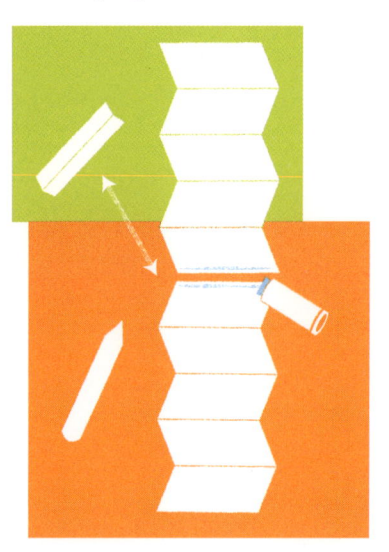

4 Añade las bisagras alineando primero las páginas por la parte inferior para que el acordeón se mantenga erguido. Si quieres, redondea las esquinas usando una redondeadora.

5 Coloca las fotos sobre las páginas.

6 Marca con la plegadora el espacio donde irán las esquinas.

7 Coloca las esquineras o corta en diagonal con un cuchillo X-Acto o con un cúter. Esta parte es para adultos (¡y cuidado con el cuchillo!).

A continuación, inserta las fotos, una por cada año.

También puedes pegarlas sin más, e incluso crear un collage alrededor.

8 Escribe los números debajo indicando la edad que tenías en cada foto; puedes hacerlos muy sofisticados e interesantes.

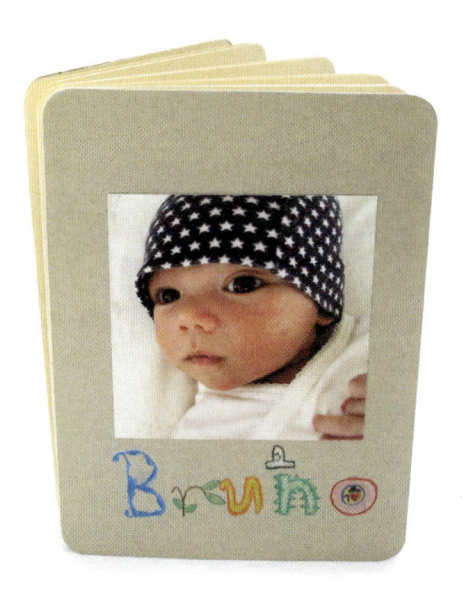

Variaciones

Si quieres, también puedes estructurar el libro en fracciones de año en vez de años completos: pon una foto del día que naciste, luego de cuando tenías seis meses, etc.

Una amiga mía hizo un libro de 12 páginas para su bebé con una imagen por cada mes de su primer año de vida. Lo diseñó en el ordenador y lo imprimió en tiras para después doblarlo en acordeón y enviarlo como invitación para el primer cumpleaños del bebé.

Puedes confeccionar este tipo de libro para una persona más mayor, o para un aniversario de boda, o para unas vacaciones o una reunión que se celebran anualmente. Es interesante observar la foto más antigua y fijarse en la ropa que usábamos. ¿Cómo crees que verá la gente tus fotos en el futuro?

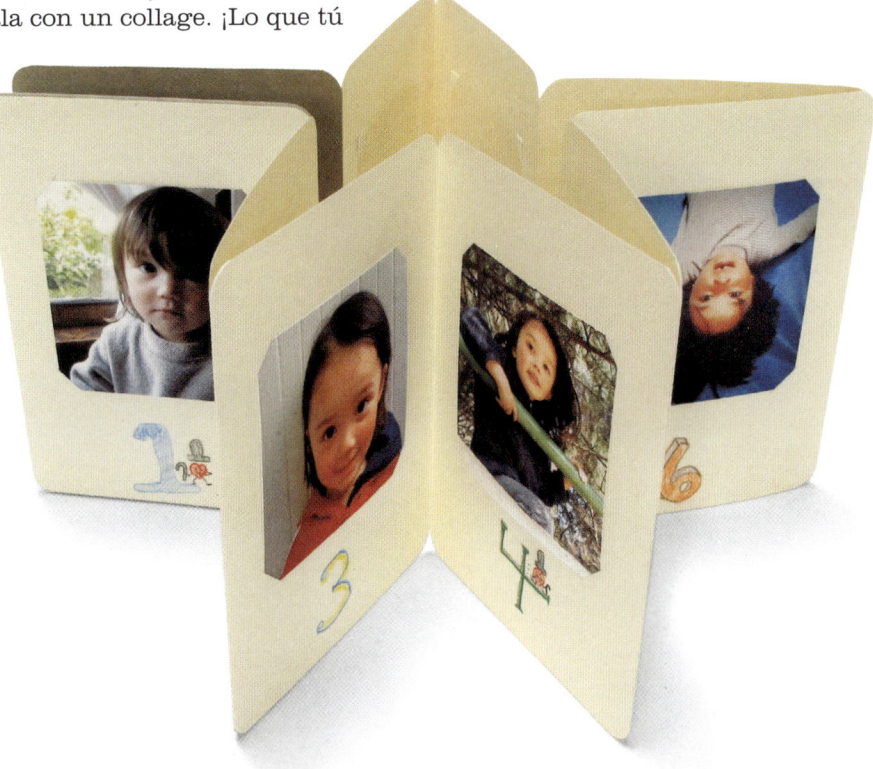

9 Decide qué quieres poner en la cubierta. La primera página puede funcionar como cubierta, o también puedes pegar un cartón para cubiertas fino. Coloca una foto, pon tu nombre y tu foto favorita, dibuja algo o decórala con un collage. ¡Lo que tú quieras!

Hacer libros que se pliegan

Cucú, el libro de la selva

A Susan Happersett y a mí nos gusta hacer libros juntas y también nos gusta visitar exposiciones de arte. En una de estas visitas vimos en una galería un interesante catálogo plegado en acordeón con texto en una cara e imágenes en otra. Susan experimentó con ese concepto y creamos este libro de la selva. En nuestro caso, Susan encontró papel de álbum de recortes de colores bonitos y ese fue el material que utilizamos, pero puedes probar a hacer el libro con lo que tengas a mano.

Materiales

Papel tamaño A4 de fibra corta (utiliza colores que contrasten, o papel de dibujo de un color claro)
Tijeras
Plegadora
Cinta de doble cara o cola
Materiales de dibujo y collage

1 Corta una tira de papel cuya altura sea aproximadamente la mitad de su anchura.

2 Corta otra tira de tres dedos menos de anchura pero de la misma altura.

3 Dobla las dos hojas en cuartos estilo acordeón. Como de costumbre, utiliza la plegadora para repasar los pliegues.

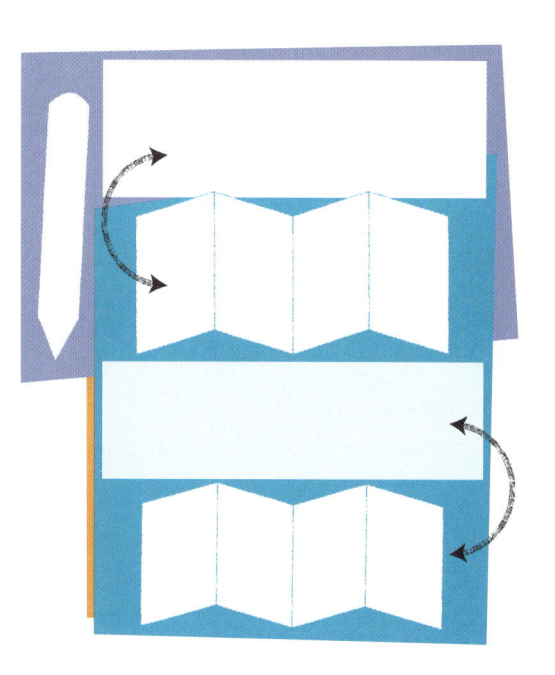

4 Recorta un pequeño agujero en los dos pliegues valle de la pieza más grande.

5 Recorta un agujero más pequeño en los dos pliegues valle de la pieza más pequeña.

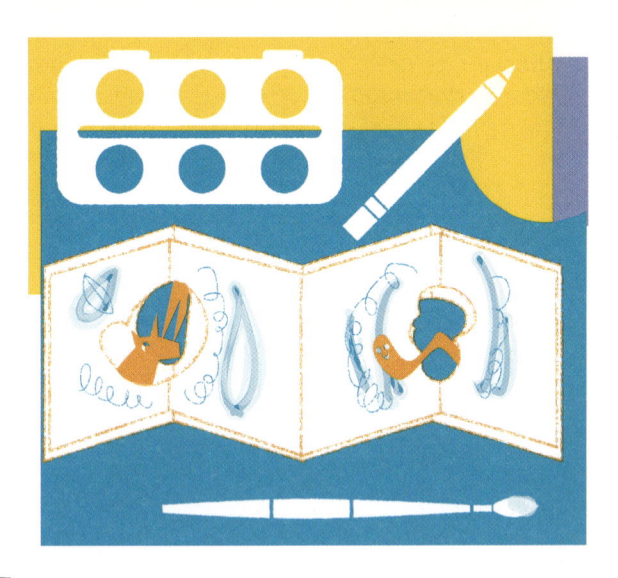

7 Pega siluetas pequeñas sobre las dos páginas (si quedan bien, utiliza las formas negativas de los recortes). Puedes recortar siluetas de otro color que contraste. Dispón el collage de tal modo que no interfiera con los pliegues.

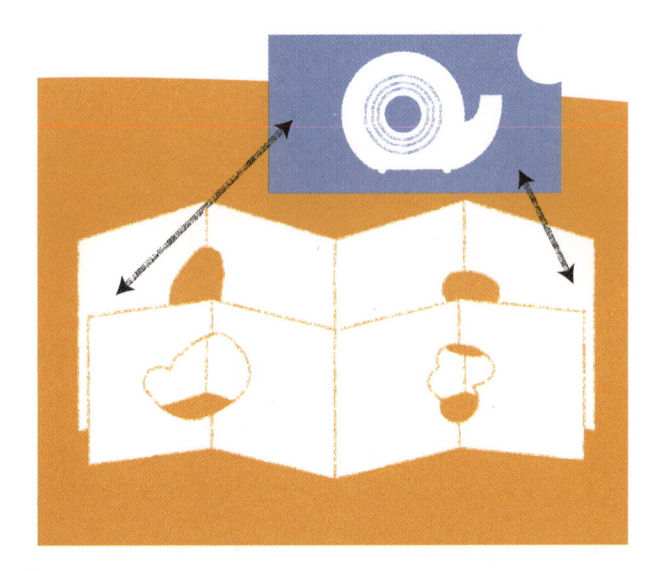

6 Coloca el acordeón pequeño dentro del grande y observa la alineación de los agujeros y la interacción que se crea entre ellos; ajústalos y, si quieres, recorta más agujeros.

8 Coloca el acordeón pequeño dentro del grande y pega con cinta o cola (una pequeña línea de cola es suficiente) los bordes exteriores, uniéndolos.

9 Decora la parte trasera con más recortes y/o dibuja en una o ambas caras con rotuladores.

NOTA: Susan Happersett y yo recortamos vegetación selvática, pero también puedes recortar animales o crear una escena submarina con peces, algas y corales. También podrías recortar la parte superior de los acordeones con una forma divertida (la parte inferior debe estar igualada para que el libro se mantenga de pie). Puedes hacer otra versión del libro con papel translúcido.

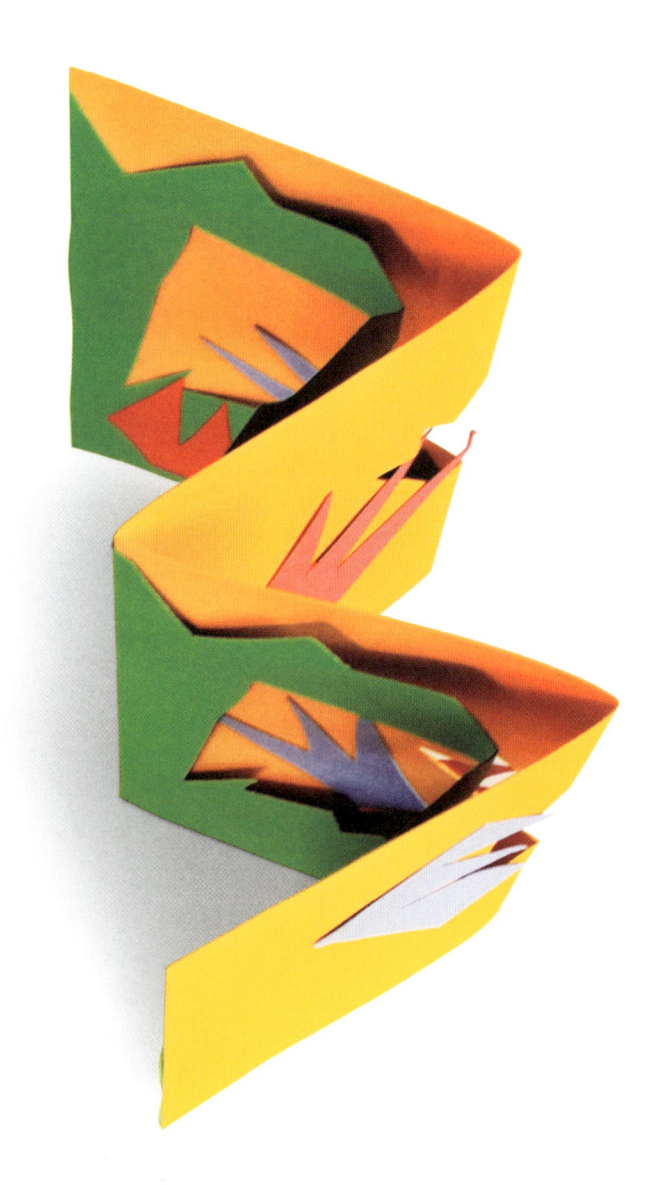

Hacer libros que se pliegan

53

Libro interior/exterior

Jennifer Verbit hace talleres con niños en bibliotecas y en programas de actividades extraescolares, y siempre realiza con sus alumnos este libro de cortes y ranuras. Unos niños del taller lo convirtieron en un libro de recetas y otros pegaron caras creadas con restos de papel recortado. ¿Qué harás tú con el tuyo?

Materiales

Cuatro hojas de un papel de grosor medio (como el papel Tru-Ray) que se corte y pliegue fácilmente, de dos colores que contrasten (para más información sobre papel, ver página 12)
Chinchetas
Tijeras afiladas
Plegadora

Opcional

Materiales de dibujo y/o collage
Cola

1 Pon una hoja encima de otra y dóblalas formando un cuadernillo. Crea dos cuadernillos de colores que contrasten y de al menos dos páginas cada uno. Repasa los pliegues con la plegadora.

55

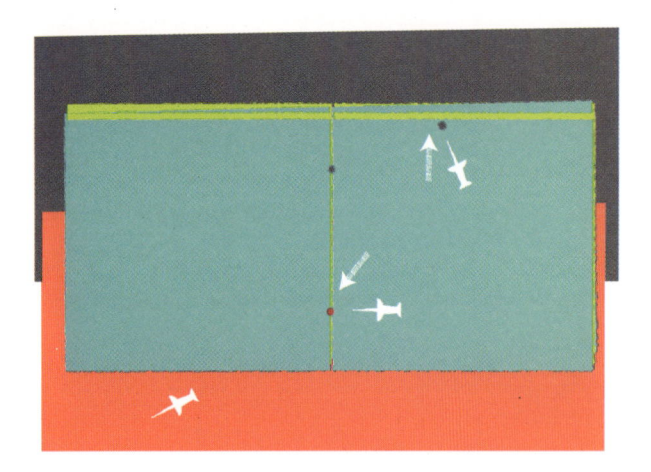

2 En cada hoja de papel, marca los lomos con ayuda de una chincheta, aproximadamente a un cuarto de distancia del borde superior e inferior. Marca también qué parte es la de arriba para recordarlo.

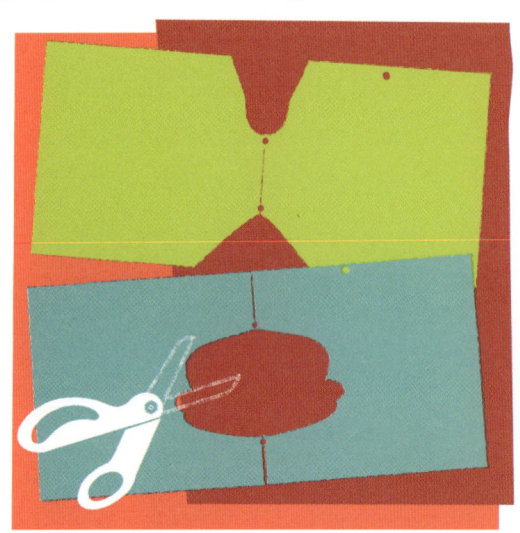

5 Despliega ambos cuadernillos manteniendo las páginas juntas.

6 Enrolla el cuadernillo con la silueta exterior y sujétalo como si fuera un panecillo de perrito caliente.

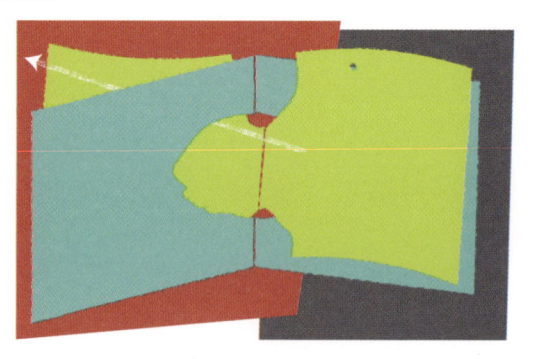

3 Comenzando y acabando en las marcas que acabas de realizar, corta un cuadernillo con una silueta interior como la de la ilustración.

4 Corta el otro cuadernillo por esas mismas marcas con una silueta exterior similar a la que se muestra aquí.

7 Pasa este cuadernillo a través de la silueta interior del otro cuadernillo hasta que los pliegos se alineen como se muestra en la ilustración. Asegúrate de que las dos partes superiores que has marcado queden arriba.

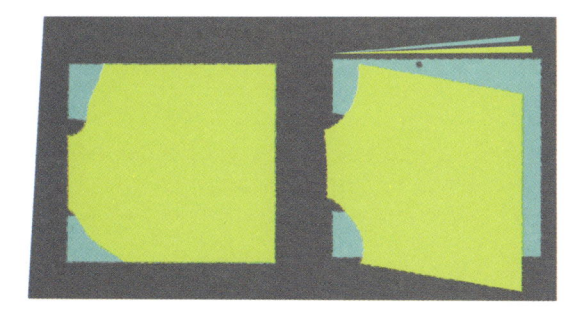

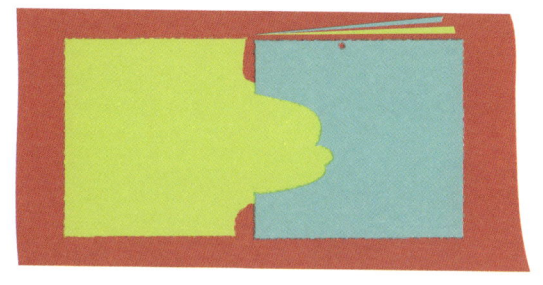

9 Gira las páginas del libro hasta que encuentres una que quede bien como cubierta.

10 Ve pasando las páginas para descubrir las formas que sugieren. Tal vez tu libro esté perfecto tal como está. O puedes dibujar, escribir y pegar las siluetas negativas para hacerlo más atractivo.

8 Ajusta los cuadernillos hasta que puedas doblar las dos piezas juntas en una sección entrelazada.

Hacer libros que se pliegan

3 CÓMO HACER POP-UPS

Los pop-ups son como los efectos especiales de los libros, y con estos sencillos pop-ups simétricos conseguirás resultados espectaculares. Utilízalos como componentes básicos: comienza por algo muy fácil, aprendiendo el mecanismo y dejando que los niños dibujen lo que pase por su imaginación. Guarda restos de papel resistente y que pueda doblarse para que tu hijo experimente y aprenda a montar un 3D activo a partir de una hoja de papel. Los pop-ups para recortar y montar basados en las fotografías de Colette Fu que encontrarás al final del capítulo presentan una técnica completamente distinta.

En un taller que hice en el mes de diciembre en un centro comunitario de Harlem, hice una demostración de la caja básica y pregunté: "¿Qué podría ser esto?". "Un regalo", pensé yo. Pero una niña dijo: "¡Un pueblo!". Y, trabajando muy concentrada, a partir de esas sencillas cajas dibujó todo un paisaje, con casas y nieve y un cielo azul oscuro lleno de pegatinas de estrellas plateadas. Siguiendo su ejemplo, otros niños se pusieron manos a la obra. Comenzaron a incluir pinos, y entonces les enseñé cómo hacer bases de cajas estrechas para pegar siluetas. ¡A partir de los modelos más sencillos se pueden hacer un montón de cosas!

Uno de los niños más pequeños de ese taller recortó y dobló unos picos tridimensionales, dibujó unos animales divertidísimos, lo unió todo y pegó una cubierta: hizo un libro. Estaba torcido, pero fue un primer libro rápido y magnífico. Menuda potencia. Imagina que tienes seis años y eres capaz de crear tu propio libro pop-up. Ojalá yo hubiera sabido cómo hacerlo a su edad.

Pop-up de una cara

La diseñadora Jean Kropper pasó su infancia en diferentes lugares del mundo, pero ha vivido la mayor parte de su vida adulta en Australia, donde trabaja en la actualidad. Jean hizo una tarjeta de visita con este facilísimo pop-up, y he pensado que os gustaría desarrollar un proyecto basado en su idea.

Materiales

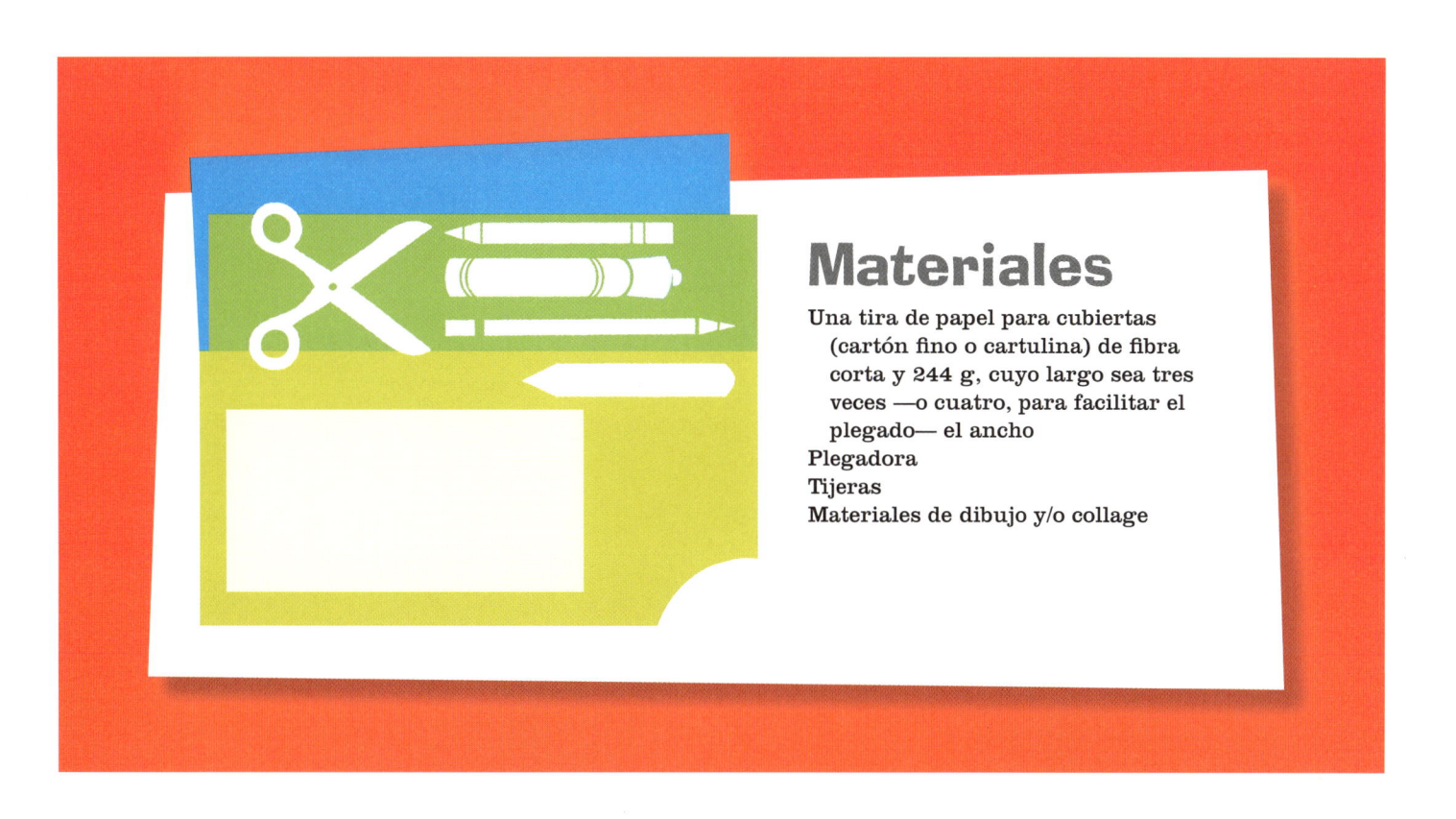

Una tira de papel para cubiertas (cartón fino o cartulina) de fibra corta y 244 g, cuyo largo sea tres veces —o cuatro, para facilitar el plegado— el ancho
Plegadora
Tijeras
Materiales de dibujo y/o collage

1 Dobla el papel en acordeón en páginas iguales —seis u ocho en función del tamaño de la tira de papel—. Repasa la doblez como de costumbre.

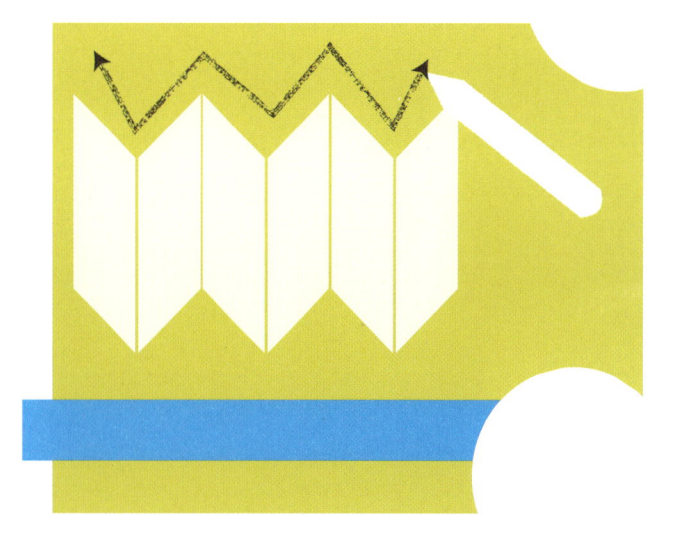

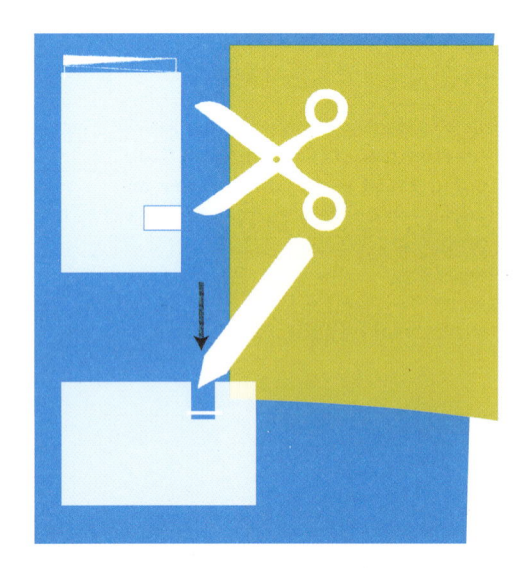

2 Abre el acordeón y, siguiendo los pliegues que acabas de hacer, dobla la tira entera por la mitad.

3 Un poco más arriba del borde inferior y un poco más abajo de la mitad de esa doble página, corta dos ranuras. Dobla el interior de esta ranura y pule con la plegadora. Ya tienes la nariz y la boca.

4 Da la vuelta al acordeón y dobla las páginas para que los pliegues montaña sobresalgan a ambos lados de la boca central. A continuación, dibuja dos líneas en la parte superior que sean un poquitín más profundas y estén más pegadas que los cortes de la boca. Estas aberturas serán los ojos. Corta las ranuras y a continuación pliega y bruñe.

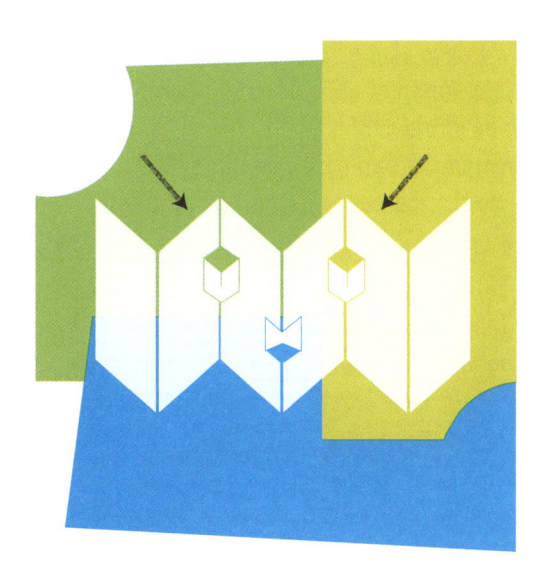

5 Sujeta las páginas como si fuera una tienda de campaña y, ayudándote con los dedos, empuja los ojos hacia arriba y los cortes de la boca/ojos hacia abajo.

6 Dibuja y/o haz un collage para los ojos, nariz y boca.

7 Si haces la versión de seis pliegues, termina el resto del libro. En la parte trasera del acordeón puedes dibujar algo o montar un collage. Puedes ver qué te sugieren esos pop-ups y dibujarlo. ¿Otra cara? ¿Una casa con puerta y ventanas? ¿O tal vez…?

8 Si elegiste la versión de ocho pliegues, pega las páginas exteriores para tener unas cubiertas más resistentes.

Cómo hacer pop-ups

Libro de picos, pájaros y monstruos pop-up

Es necesaria cierta práctica para hacer el pico pop-up (la diagonal se dobla a contra fibra), pero cuando hayas hecho estos pliegues unas cuantas veces te resultará sencillo. Y cuando los niños comienzan a dibujar sobre ellos ¡es muy divertido! Antes de ponerte manos a la obra con el libro completo, puedes jugar primero con algunos para practicar, o crear algunas páginas adicionales y escoger las que más te gusten.

Materiales

Para los pop-ups: 5-6 hojas de papel para cubiertas de 244 g (papel grueso que se doble adecuadamente), de fibra corta y más o menos de formato A4. Para el lomo: otra hoja de un color que contraste
Plegadora
Tijeras
Rotuladores o pintura al agua
Papel en sucio
Un trozo de papel de alto gramaje para cortar la cubierta
Cola y/o cinta de doble cara

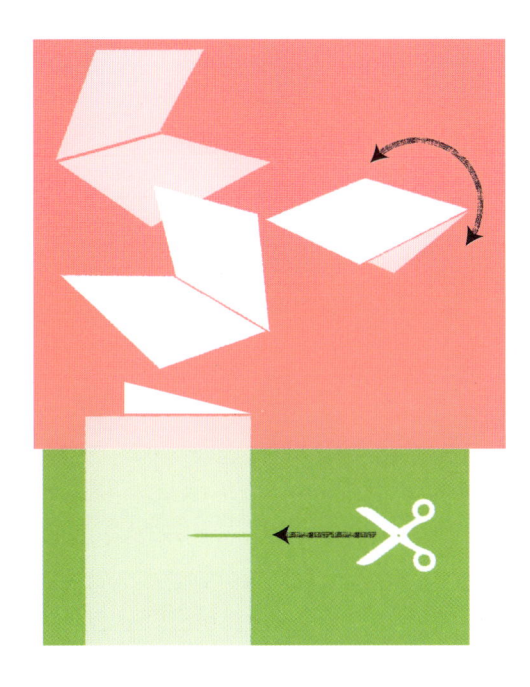

1 Dobla el papel por la mitad por la dirección más corta. Repasa con la plegadora. Da la vuelta a ese pliegue y repásalo de nuevo para que se doble para ambos lados sin problema; esto será de utilidad cuando saques los pop-ups. Haz un corte perpendicular directamente en el pliegue, como se muestra en la ilustración.

65

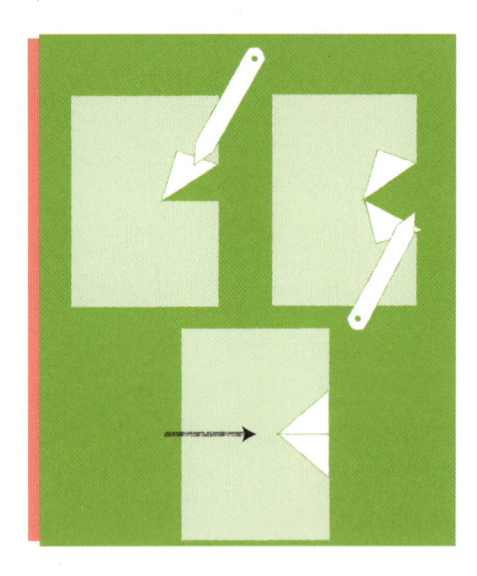

2 Dobla los triángulos superior e inferior. Repasa con la plegadora. Da la vuelta a los pliegues y repasa la otra cara. Despliega.

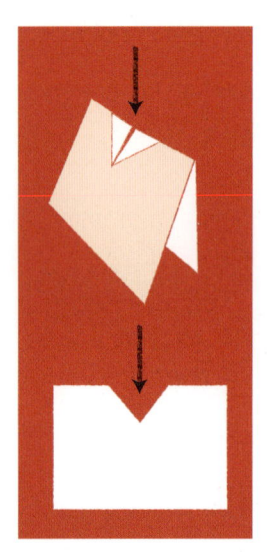

4 Dibuja o pinta tu pájaro o monstruo alrededor de la boca pop-up. Puedes dibujar/pintar la parte interior por si al moverla queda a la vista. Si usas pintura, aplica una capa fina para que no agriete u obstruya el mecanismo.

5 Corta ranuras en el mismo sitio en todas las hojas de papel dobladas (las rendijas pueden ser más largas o más cortas). Saca las bocas. Dibuja diferentes animales y pájaros en las páginas.

3 Abre el papel en forma de tienda de campaña. Apoya el papel y empuja los pliegues triangulares.

Abre y cierra el papel doblado. La boca se moverá. Cierra el papel y brúñelo por la parte exterior.

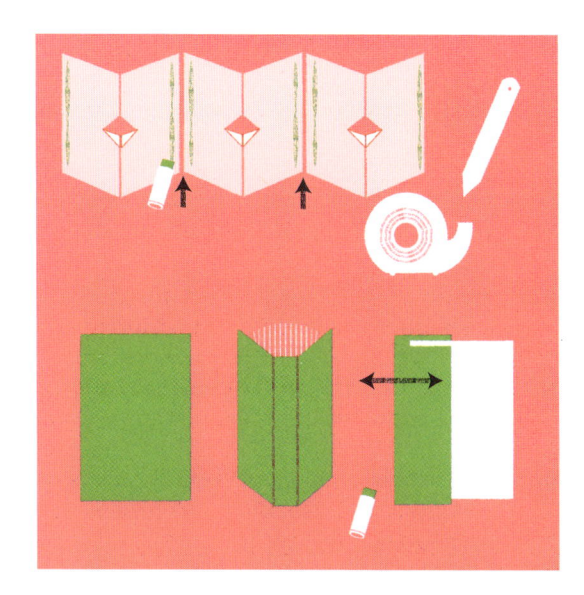

Haz la cubierta

7 Con delicadeza, dobla un trozo de papel en sucio alrededor del lomo para calcular su grosor. Usando este papel como plantilla, dobla a fibra el papel del lomo. La pieza debe sobrepasar los pop-ups, ya que se verá cuando estos emerjan. Encola la pieza del lomo en la cara delantera y posterior, pero evita pegarla al lomo para permitir que este se mueva al abrir el libro.

6 Pega las páginas por el borde delantero. Bruñe bien con la plegadora.

8 Corta las piezas de contraste en papel grueso o cartón fino para que encajen en la cara delantera y trasera. Estas tapas pueden ser un poquito más altas que el libro o de la misma altura; deberían ser más estrechas para que la pieza del lomo quede a la vista.

9 Pega las cubiertas delantera y trasera. Bruñe adecuadamente. Abre el libro con mucho cuidado. Comprueba que ninguna de las piezas móviles está pegada. Aplica peso (ver página 22) y deja reposar el libro todo el tiempo que aguantes sin ponerte a jugar con él.

Cómo hacer pop-ups

67

Pop-up de helado de cucurucho

Colette Fu vive en Filadelfia, una de las grandes capitales norteamericanas del helado. Mi madre, que creció allí, me contaba historias de cuando era niña e iba al mercado Reading Terminal y almorzaban al revés: ¡tomaban primero el helado! Puedes hacer fotocopias de estas hojas para practicar antes de confeccionar el cucurucho de verdad. Cuando hayas entendido bien su funcionamiento, crea tus propias versiones de este pop-up.

Materiales

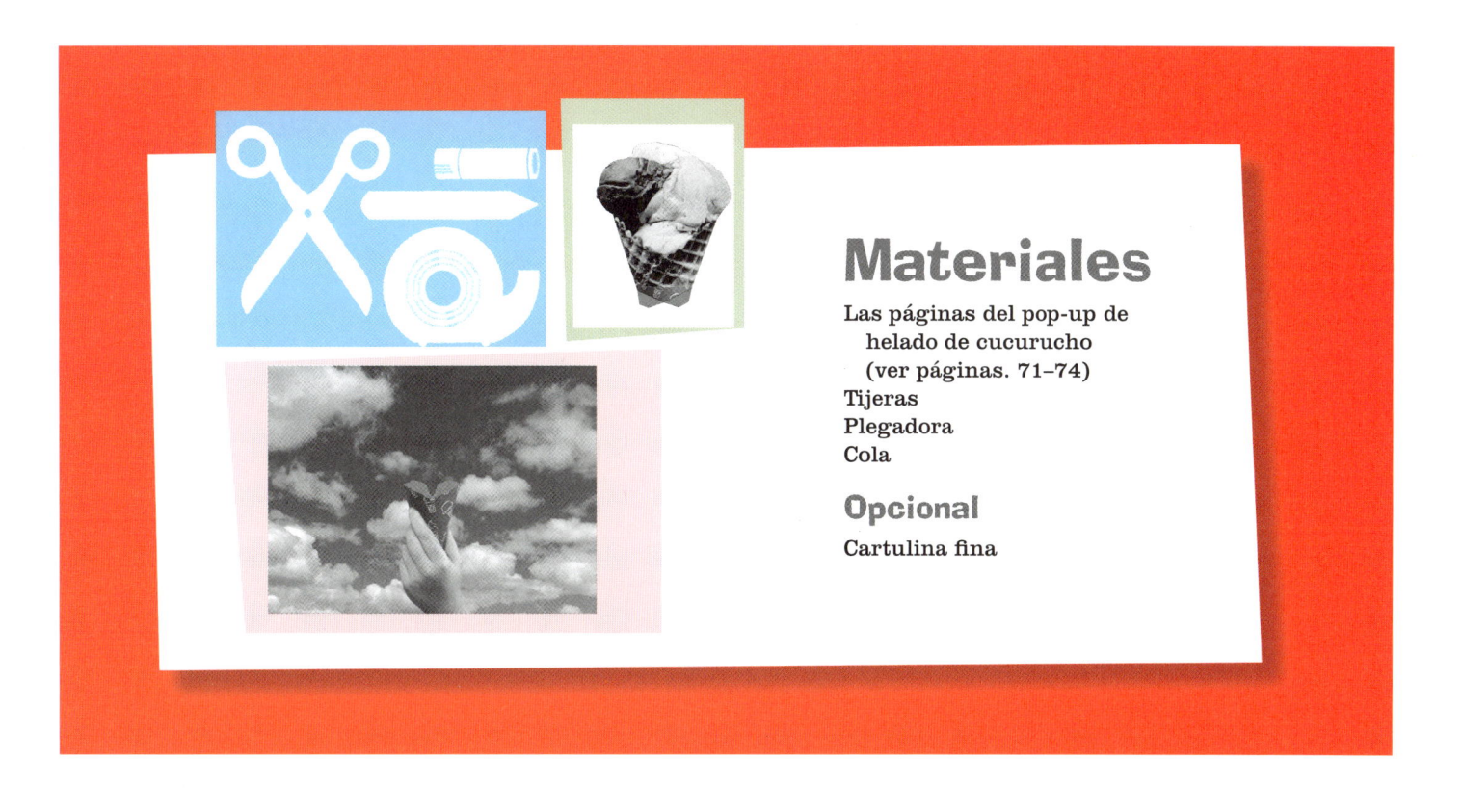

Las páginas del pop-up de helado de cucurucho (ver páginas. 71–74)
Tijeras
Plegadora
Cola

Opcional

Cartulina fina

1 Recorta las páginas del pop-up de helado de cucurucho de este libro. O también puedes fotocopiarlas o escanearlas e imprimirlas sobre cartulina fina.

2 Dobla el paisaje de nubes por la mitad (en valle), de manera que el cielo y las zonas grises queden en la cara interior del papel. Repasa bien.

3 Recorta el helado.

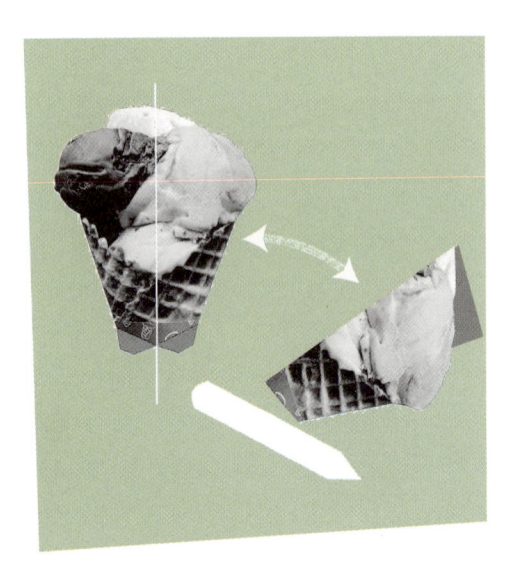

5 Pega las pestañas al paisaje haciendo coincidir las áreas grises.

6 Dobla la hoja desplegable del paisaje y ajusta lo que sea necesario. Ábrelo cuidadosamente y déjalo secar antes de comenzar a jugar.

4 Pliega el cucurucho de helado por la mitad (en montaña), siguiendo la línea vertical de puntos. Pliega las pestañas que hay sobre la línea de puntos. Repasa estos pliegues con la plegadora.

7 ¡Ñam!

Pop-ups para recortar y montar

Pop-up de helado de cucurucho. Instrucciones en la página 68.

Pop-up de helado de cucurucho: esta es la otra cara del cucurucho.

72

Cubierta interior del pop-up de helado de cucurucho. Instrucciones en la página 68.

73

Recortado y montado por

Cubierta del pop-up de helado de cucurucho. Instrucciones en la página 68.

Recortado, coloreado y montado por

- - - - - - -

Jane Sanders ha dibujado esta variación del pop-up de flor giratoria para que la colorees. Esto es la cubierta. Instrucciones en la página 83.

76

Variación de Jane del pop-up de flor giratoria; cubierta interior. Instrucciones en la página 83.

Variación de Jane del pop-up de flor giratoria para que la recortes, dobles, colorees y pegues a la cubierta; cara opuesta. Instrucciones en la página 83.

77

Variación del pop-up de flor giratoria para colorear. Esta es la parte posterior de la flor pop-up.

78

Recortado y montado por _____

Cubierta para el pop-up de flor giratoria fotográfica. Instrucciones en la página 83.

79

Cubierta interior del pop-up de flor giratoria fotográfica de **Colette Fu**. Instrucciones en la página 83.

Pop-up de flor giratoria de **Colette** para recortar, doblar y pegar. Instrucciones en la página 83.

81

Reverso del pop-up de flor giratoria de Colette.

82

Pop-up de flor giratoria

Colette Fu es fotógrafa y aprendió a hacer pop-ups para que sus fotografías cobrasen vida. Colette viaja a menudo a China y toma fotos de personas, plantas y comida. Con estos pop-ups confecciona libros de aspecto sencillo y elegante que al abrirse emergen alcanzando gran altura y anchura; los exhibe en exposiciones y forman parte de las colecciones de varios museos. Este pop-up es difícil, pero merece la pena practicar y aprender a hacer piruetas con el papel. En primer lugar, haz fotocopias para poder realizar pruebas. Cuando comprendas la ingeniería del papel, prueba con tu propio diseño. Nota: el mecanismo tiene la misma anchura que la flor.

Materiales

Pop-up de flor giratoria (ver páginas 79-82)
Varias copias impresas de la flor y de la cubierta para practicar
Tijeras
Plegadora
Cola

Nota: en las páginas 75-78 encontrarás la versión dibujada por Jane Sanders; confecciona esa también.

1 Recorta de este libro las páginas del pop-up de flor giratoria o fotocópialas e imprímelas sobre cartulina fina.

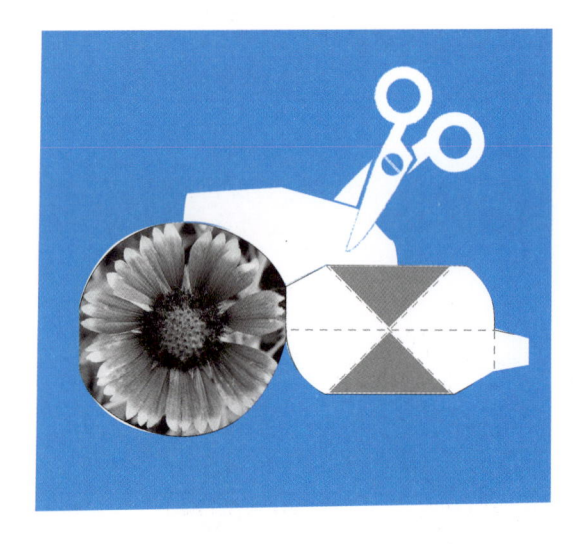

2 Dobla el paisaje por la mitad de modo que los triángulos grises queden en el interior. Repasa los pliegues.

3 Recorta la flor y el mecanismo.

4 Pliega la flor en montaña por la mitad siguiendo las líneas verticales de puntos azules. Las líneas punteadas no recorren todo el camino a través de la flor, pero los pliegues sí deben hacerlo.

5 Pliega en montaña entre la flor y el mecanismo sobre la línea azul de puntos. Pliega en montaña las líneas azules de puntos de la x sobre el mecanismo. Pliega en montaña la pestaña sobre la línea azul de puntos.

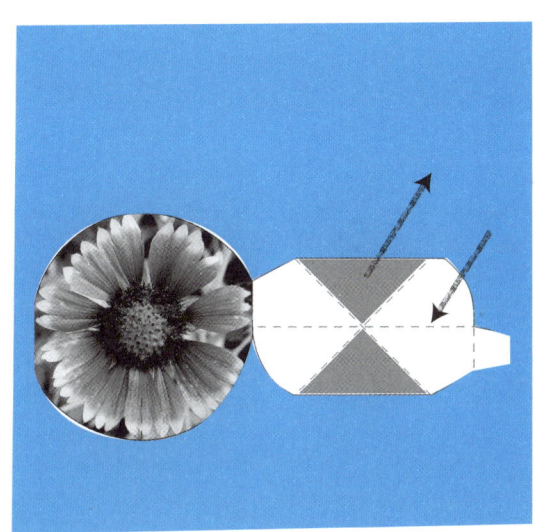

6 Pliega en valle siguiendo la línea horizontal roja de puntos. Repasa todos los pliegues con la plegadora.

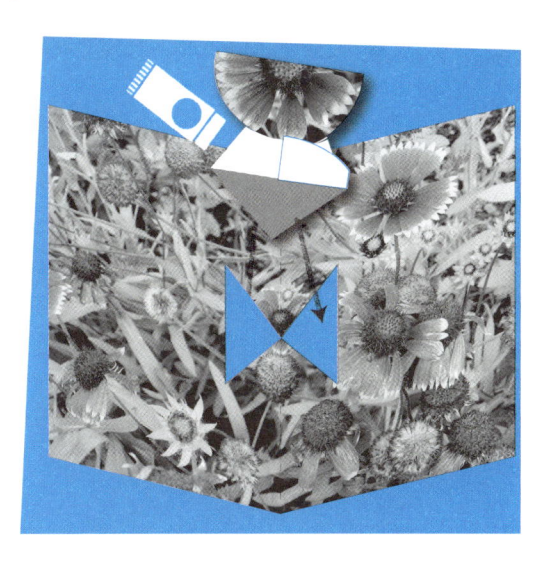

7 Pega el mecanismo al paisaje por los triángulos grises.

8 Pliega la flor dentro del mecanismo. A continuación pega la pestaña a la parte posterior de la flor.

9 Dobla la hoja pop-up del paisaje con mucho cuidado y ajústala si es preciso. Ábrela y déjala secar antes de jugar con ella.

10 Y como dice Colette: "¡Diviértete!".

Cómo hacer pop-ups

85

Estos pop-ups han sido confeccionados por niños.

Hay un montón de niños que me han ayudado con este libro. Algunos se hicieron mayores antes de que lo escribiera, pero de ellos saqué la inspiración para decirle a la editorial que quería escribir *Taller de libros para niños*. **Algunos de estos niños pasaron por mi casa y recortaron, doblaron, ensamblaron y dibujaron sentados alrededor de mi gran mesa amarilla.**

Siempre comenzábamos horneando galletas inventadas (pero esa historia es para otro libro). Otros niños elaboraron sus creaciones en mis talleres de la librería McNally Jackson de Nueva York y en la librería Word de Jersey City. Liz Grace, una artista que imparte clases extraescolares en Connecticut, cogió el tren y vino hasta aquí. Y antes de que fuéramos a Chinatown a tomar sopa con *dumplings* **le enseñé a hacer algunos libros y pop-ups sencillos. De regreso, Lisa los trabajó con sus alumnos y después me trajo sus proyectos.**

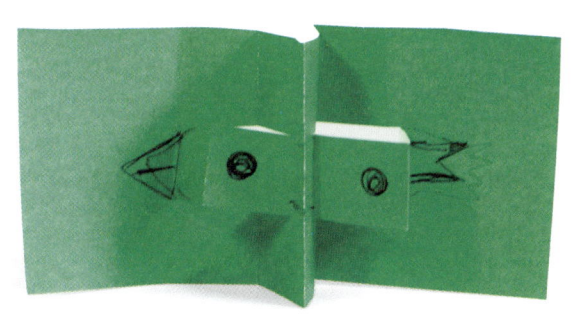

Ahora que conoces algunas estructuras básicas de pop-ups, ¿cuál de ellas vas a hacer? Te estás adentrando en la senda de la Ingeniería del Papel (y el siguiente paso podría ser construir puentes).

Cómo hacer pop-ups

87

4 CÓMO DECORAR EL PAPEL

A algunas personas les encanta pintar papel. Cuando hice esta actividad con un grupo de alumnos adultos pude apreciar cómo les relajaba extender el color con los pinceles.

Procura aplicar capas finas de pintura para que cuando las hojas estén acabadas no se agrieten al doblarlas. A los niños les puede resultar difícil, pero puedes darles papel extra para hacer dibujos.

Planifícate para pintar los papeles un día o dos antes de hacer los libros, así dispondrás de tiempo de secado suficiente. También puedes pintarlos a primera hora de la mañana teniendo en cuenta que podrás usarlos por la tarde si están lo suficientemente secos. La humedad es un problema; en Nueva York, sobre todo en verano, nunca se seca nada. Pero si vives cerca de un desierto probablemente no debas esperar tanto.

Algunos papeles decorados no resultan atractivos en hojas de formatos grandes, sin embargo, al plegarlos, revelan una bella presencia. En una ocasión teníamos un montón de papeles que habían dejado abandonados un grupo de niños. Lo que habían hecho, sobre todo, era escribir sus nombres en ellos. Yo tenía que hacer unos cuantos sobres para preparar unos regalos de recuerdo, así que decidí recortar y doblar aquellos papeles: los pequeños fragmentos de caligrafía quedaban preciosos fuera de contexto.

Papeles de burbujas de jabón

Cuando era niña, en los restaurantes siempre teníamos la esperanza de que nos dieran pajitas. No me gustaba la leche (de hecho, ODIABA la leche, aunque ahora me gusta y tengo que intentar no beber demasiada), pero me encantaban las burbujas que se formaban al soplar con la pajita dentro del vaso. Una vez, estando en un restaurante con mis sobrinas, que tenían más o menos mi edad (¿te puedes creer que fui tía a los dos años?), pedimos pajitas; el camarero las trajo, pero nos dijo: "Nada de burbujas". Eso no nos gustó. Lo que nos hubiera encantado hubiera sido elaborar estos papeles de burbujas. Es una de las cosas más divertidas que hay, y el resultado, además, puede quedar bien. Pero recuerda: por la pajita hay que soplar, ¡no sorber el jabón!

Materiales

- Tazas
- Papel de horno (o una fuente más grande que el papel que vayas a utilizar)
- Agua
- Lavavajillas
- Colorante alimentario o témpera
- Pajita para beber
- Papel no estucado blanco y/o surtido de colores y varios gramajes, uno fino para las guardas y otro más grueso para las cubiertas.

1 Coloca la taza sobre un papel de horno o una fuente que sean más grandes que el papel que vayas a utilizar. Mezcla un poco de agua con un chorro de lavavajillas líquido.

Cómo decorar el papel

2 Añade en la taza un chorrito de colorante alimentario o de pintura al agua.

4 Coloca tu papel sobre el recipiente de burbujas, aprieta un poquito y luego retíralo. Observa el estampado que han originado las burbujas en el papel.

3 Mete la pajita en la taza y sopla para hacer burbujas hasta que estas rebosen sobre el papel de horno.

5 Prueba variaciones con colores distintos. Puedes usar varias tazas con colores diferentes; sopla las burbujas sobre la fuente de hornear para mezclarlas. Juega con esta idea y descubre las variantes que puedes inventar (¡ojalá pudiera verlas!). Deja secar los papeles.

91

Papeles salados

La sal es el componente mágico de esta técnica fácil y divertida. Descubre cómo los colores se descomponen en otros colores: ¡algunos de los colores más apagados se convierten en los más atractivos papeles salados!

Materiales

Papel
Esponjas para humedecer el papel
Agua
Témpera o acuarela (usa una marca de calidad no cerosa, como Prang o Caran d'Ache)
Brochas
Sal de mesa

1 Humedece los papeles con una esponja.

Cómo decorar el papel

2 Pinta los papeles con una capa ligera de témpera o acuarela diluida en agua.

3 Esparce sal sobre el papel: observa cómo la sal va modificando los colores. (El negro se descompone en muchos colores diferentes.)

Haz experimentos en trozos pequeños de papel con varios colores para ver con cuál se obtienen mejores resultados. Elabora hojas más grandes con tus favoritos.

4 Deja reposar los papeles durante unas horas o toda la noche. Cuando la pintura esté seca, retira la sal con un cepillo. Utiliza este papel para realizar cubiertas de libros y guardas, o úsalo para las páginas interiores y escribe poemas y dibuja sobre el estampado.

NOTA: Puedes usar estos papeles decorados para guardas y/o cubiertas. Incluso puedes hacer libros con páginas decoradas, averiguar qué te sugieren sus formas y dibujar sobre ellas. Algo así como mirar las nubes; tal vez veas siluetas de animales, pájaros o barcos en el mar.

Marmolado de crema de afeitar

Intenta encontrar crema de afeitar sin aroma ¡o bien con un aroma que te guste de verdad! Una de mis alumnas de la universidad Cooper Union, profesora de primaria, enseñó a la clase este truco tan tonto para realizar esta actividad: en lugar de moldes de hornear, trajo platos de papel (una buena opción excepto si estás haciendo esto en la cocina, pues los papeles caben mejor en una fuente de horno). El papel marmolado es adecuado para cubiertas de libros, para guardas, para forrar cartones, etc. Déjalo reposar un poco y después, si es necesario, córtalo para que las zonas más bonitas queden a la vista.

NOTA: Usa el gramaje que mejor se adapte a tus necesidades. El papel más fino es adecuado para guardas y para forrar cartones (ver página 100). El papel para cubiertas o la cartulina es mejor para confeccionar cubiertas.

Materiales

Espuma de afeitar en crema (no uses gel)
Bandeja o molde de horno o platos de papel
Escobilla o rascador (puedes ser un pedazo de plato de papel)
Colorante alimentario, acuarela líquida, témpera o acrílicos aguados con cuentagotas
Palillos de dientes o palillos chinos para hacer las espirales
Papeles sin estucar de menor tamaño que el plato o fuente

1 Rocía crema de afeitar sobre el plato o fuente.

Cómo decorar el papel

2 Alisa la crema con un trozo de plato de papel o con un rascador.

3 Vierte colorante alimentario, tinta al agua o pintura sobre la crema de afeitar.

4 Con ayuda de los palillos, da vueltas formando espirales de colores.

5 Coloca un trozo de papel encima de la crema de afeitar.

6 Levanta el papel y raspa el exceso de crema de afeitar (se seca con mucha rapidez).

7 Puedes utilizar la crema de afeitar más de una vez (añade color según sea necesario).

Suminagashi

El *suminagashi* es una técnica tradicional japonesa para decorar papel. Es muy fácil de preparar y con ella se obtienen unos papeles de tonos pálidos. Puedes utilizarlos para el interior de tus libros y escribir y dibujar sobre ellos, o para hacer guardas, cubiertas o forrar cartones (ver página 100).

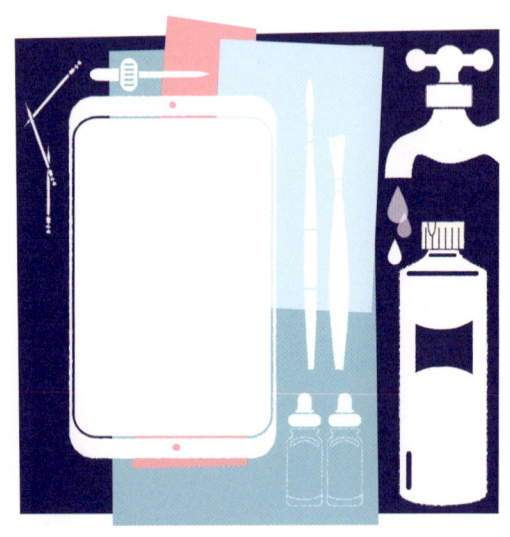

Materiales

Recipientes para el agua (pueden ser moldes de horno)
Agua
Tintas o pintura al agua (o incluso colorante alimentario)
Cuentagotas, brochas, palillos de dientes
Papel de tamaño inferior al recipiente para el agua
Cartón fino para retirar el exceso de pintura
Pesas (ver página 22)

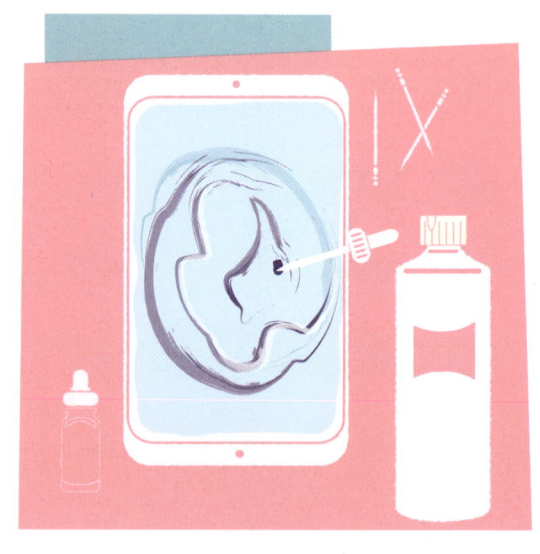

1 Llena de agua tu recipiente. Vierte las tintas.

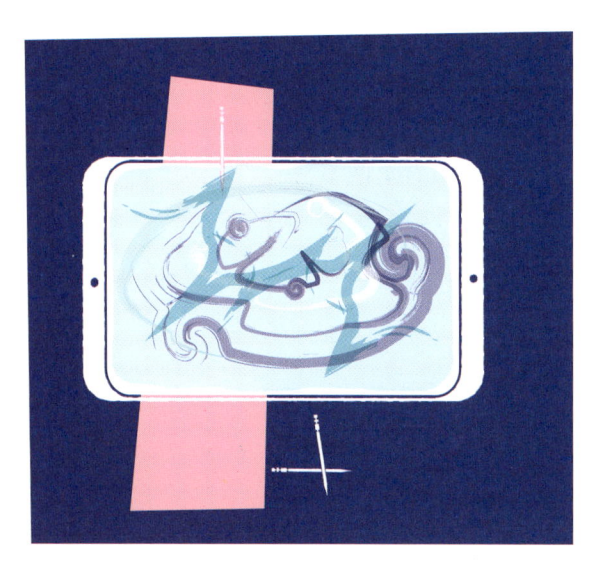

2 Puedes remover las tintas con palillos de dientes o dejar que fluyan sin más.

3 Coloca el papel cuidadosamente sobre la superficie del agua.

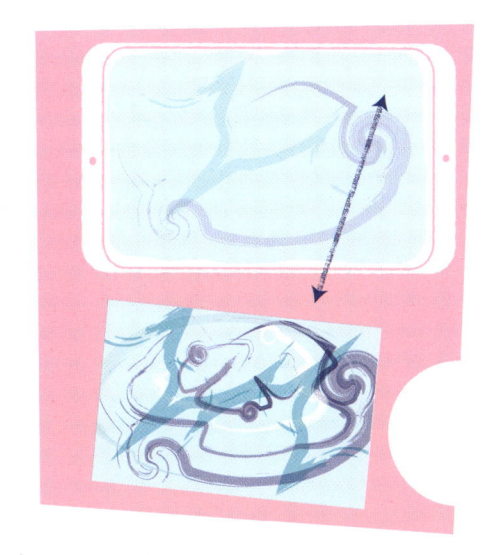

4 Retira el papel con delicadeza. Con el borde de un cartón fino, elimina los restos de pintura del agua. Para decorar más hojas de papel, repite todo el proceso, comenzando por verter las gotas de tinta.

5 Deja secar el papel aplicando peso encima para alisarlo.

6 Corta el papel y utilízalo para hacer cubiertas y guardas.

Cómo decorar el papel

97

Papeles empastados

El papel empastado es un método tradicional de decoración de papel. Es posible que te recuerde a la pintura de dedos, cuya técnica, de hecho, se basa en los papeles empastados. Debes aplicar la pasta en capas finas para que el papel se pueda plegar después. Con él podrás confeccionar guardas, forrar cartones e incluso pintar cartones en bruto. Nosotros elaboramos cartones con papeles empastados utilizando materiales metalizados para la pasta y el resultado fue muy interesante y un poco misterioso. Dikko elaboró los papeles empastados para las guardas y la guarda volante de este libro. Aplicó la pasta roja con una brocha y después, para lograr el estampado, hizo las marcas con la espiral de un batidor de mano. (Por cierto, ¿dónde habrá puesto el batidor? Lo necesito en la cocina.)

Materiales

Una o dos tazas de engrudo (en función de cuántas personas vayan a elaborar papeles empastados; ver página 7)
Boles pequeños o recipientes de comida para llevar
Colores al agua (témpera, aguada, pintura acrílica, pintura en polvo o incluso colorante alimentario)
Esponja
Brochas
Agua
Papel
Tenedores, peines, sellos, objetos para hacer marcas (puedes recortar peines de cartón fino o papel grueso; prueba con el cartón de una caja de cereales)
Pesas de libro (ver página 22)

Cómo decorar el papel

1 Una vez que el engrudo esté frío, repártelo en varias tazas o boles que no se vuelquen fácilmente.

2 Añade un chorrito o dos de color en cada recipiente, como si fuera el glaseado de colores empleado en repostería para decorar galletas y tartas.

4 Aplica una capa muy fina de pasta de color sobre el papel. La capa debe ser fina para que después puedas doblar el papel.

3 Humedece el papel con agua ayudándote con una esponja o una brocha.

5 Con ayuda de un tenedor y/o los demás elementos que has elegido, crea motivos raspando sobre el papel.

6 Deja secar los papeles y aplícales peso para aplanarlos (ver página 22).

Cubiertas de papel empastado para libros acordeón

Puedes usar papel empastado para forrar estos cartones o, si lo prefieres, puedes probar con papeles marmolados (páginas 94 o 96) o salados (página 92). También puedes comprar papel decorado o utilizar algún papel interesante que ya tengas —tal vez un papel de envolver bonito o papel *scrapbook*—. También podrías usar tela comprada en una tienda especializada en encuadernación ¡o incluso papel adhesivo!

Materiales

Libros acordeón (páginas 38, 40 y 46)
Cartón: caja de cereales/galletas reutilizada, el interior de los paspartús (¡pide restos en la tienda de marcos de tu barrio!), cartón de encuadernación o papel Museum
Plancha de corte autocicatrizante
Lápiz
Regla de corte de metal
Cuchillo multiusos, cuchillo Mat, cúter para cortar papel resistente o tijeras muy resistentes y afiladas
Cola y brocha u otro adhesivo
Papel empastado (página 98) u otro papel decorado
Plegadora
Papel de desecho
Pesas (página 22)

1 Marcando la silueta con un lápiz y usando la plancha de corte, la regla y el cuchillo, corta dos cartones de tamaño un poco mayor que las páginas de tu libro acordeón.

2 Corta el papel decorado. Debe medir un dedo más de ancho que los cartones por cada uno de sus lados.

3 Pega el cartón al reverso del papel decorado. Repite con el otro cartón.

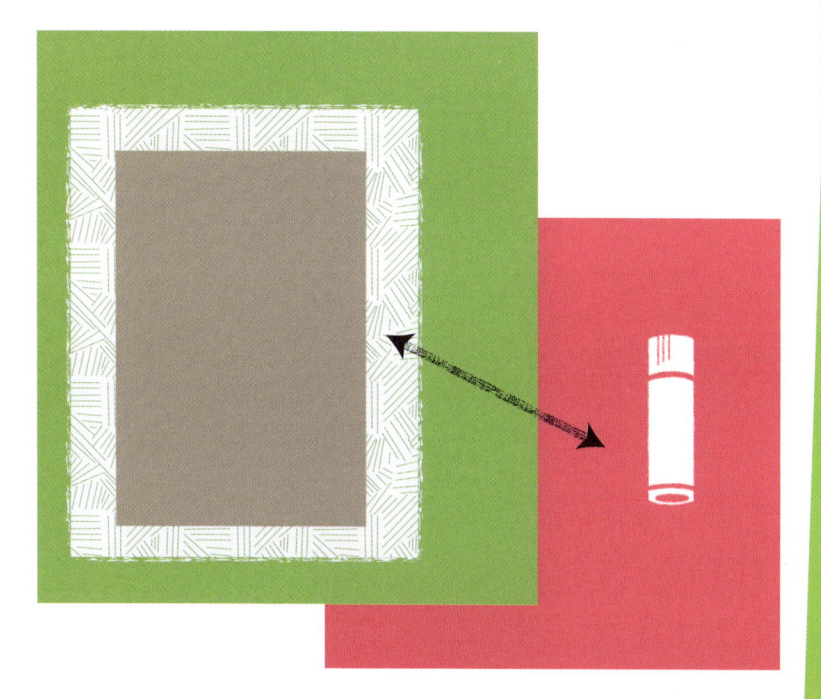

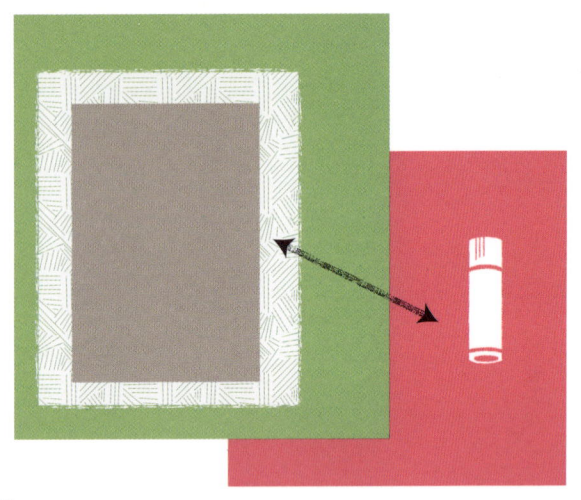

4 Dobla el borde superior e inferior sobre el cartón y pule con la plegadora. Desdobla y, a continuación, dobla los bordes laterales, pule y desdobla de nuevo.

5 Para retirar el papel sobrante de las esquinas, corta el papel empastado. Sujeta la regla contra una esquina del cartón y traza una línea diagonal. Corta el papel, pero dejando el suficiente para forrar las esquinas (aproximadamente la anchura de la regla). Corta las ocho esquinas de los dos cartones.

6 Encola el borde superior e inferior. Coloca papel de borrador debajo para poder aplicar bien la cola hasta los bordes y utiliza la menor cantidad de cola posible. Dobla los bordes sobre el cartón y aplica presión sobre las esquinas alisando con la plegadora.

7 Pega los bordes laterales. Usa la plegadora para aplicar presión sobre las esquinas.

8 Deja reposar las cubiertas colocándoles peso encima; estarán secas cuando ya no las notes frías al tacto.

Cómo decorar el papel

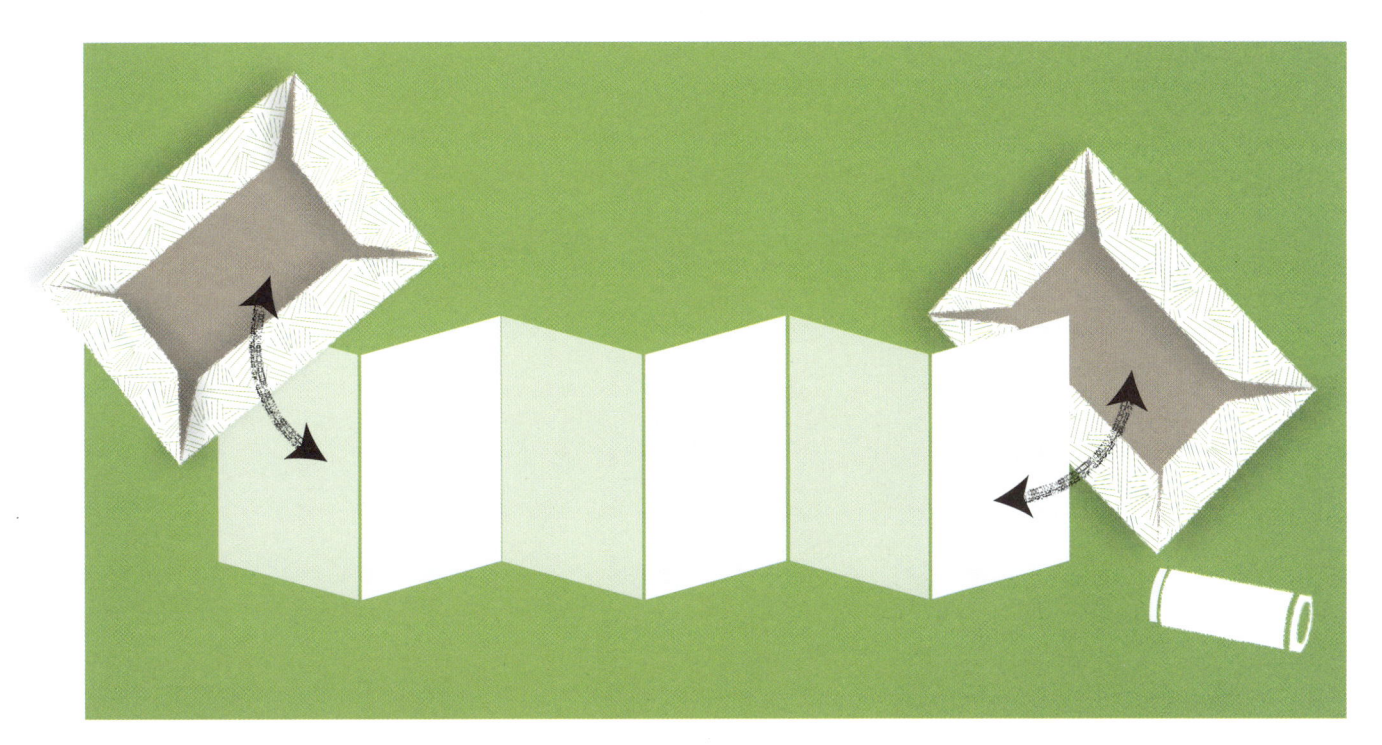

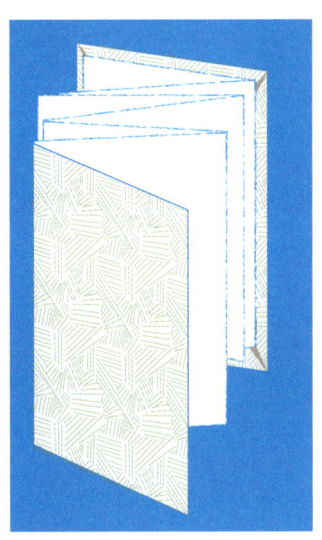

9 Pega las páginas delantera y trasera del acordeón a la cubierta. Pule como de costumbre y deja reposar bajo una pesa para libros plana.

NOTA: Dependiendo de cómo sea tu acordeón, tal vez quieras unirlo a la cubierta con una bisagra (ver página 40). En ese caso, puedes forrar el interior del cartón pegando una guarda del mismo papel decorado o de otro que contraste. Corta la guarda un poquito más pequeña que el cartón.

5 CÓMO HACER LIBROS COSIDOS

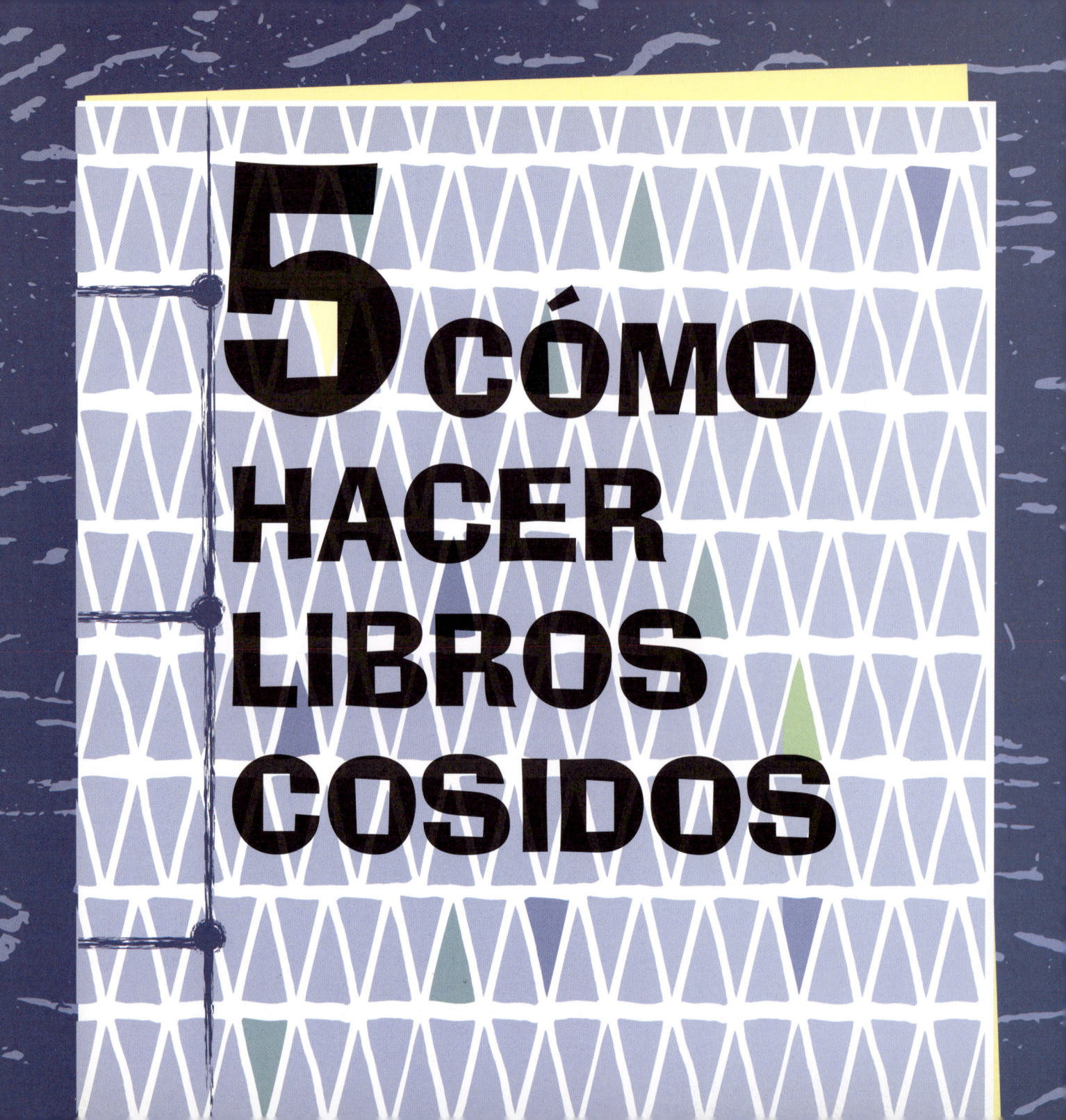

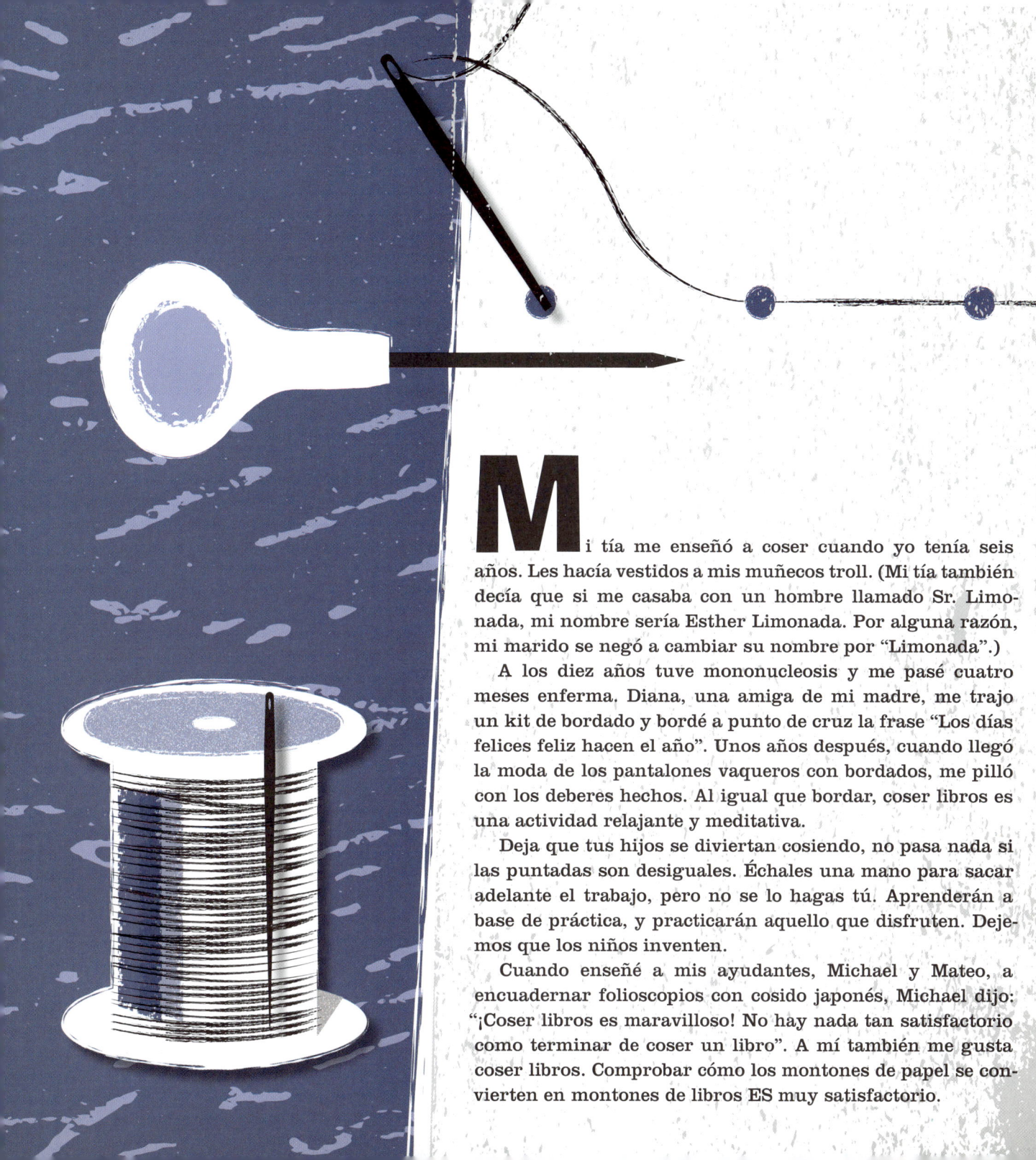

Mi tía me enseñó a coser cuando yo tenía seis años. Les hacía vestidos a mis muñecos troll. (Mi tía también decía que si me casaba con un hombre llamado Sr. Limonada, mi nombre sería Esther Limonada. Por alguna razón, mi marido se negó a cambiar su nombre por "Limonada".)

A los diez años tuve mononucleosis y me pasé cuatro meses enferma. Diana, una amiga de mi madre, me trajo un kit de bordado y bordé a punto de cruz la frase "Los días felices feliz hacen el año". Unos años después, cuando llegó la moda de los pantalones vaqueros con bordados, me pilló con los deberes hechos. Al igual que bordar, coser libros es una actividad relajante y meditativa.

Deja que tus hijos se diviertan cosiendo, no pasa nada si las puntadas son desiguales. Échales una mano para sacar adelante el trabajo, pero no se lo hagas tú. Aprenderán a base de práctica, y practicarán aquello que disfruten. Dejemos que los niños inventen.

Cuando enseñé a mis ayudantes, Michael y Mateo, a encuadernar folioscopios con cosido japonés, Michael dijo: "¡Coser libros es maravilloso! No hay nada tan satisfactorio como terminar de coser un libro". A mí también me gusta coser libros. Comprobar cómo los montones de papel se convierten en montones de libros ES muy satisfactorio.

Libro diminuto

Este sencillo libro cosido es tan pequeño que puede leerlo hasta tu peluche. Es posible que tengas que confeccionar unos cuantos para que los demás juguetes no se pongan celosos.

Materiales

Papel fino, tipo papel de impresora
Plegadora
Papel para cubiertas para ajustarlo al libro
Tijeras para cortar la cubierta
Guía de teléfonos o revista gruesa
Punzón o chinchetas para perforar agujeros
Aguja de tapicería
Hilo de encuadernación de lino
Materiales de dibujo (rotuladores, bolígrafos) que no manchen

1 Dobla el papel fino por la mitad, luego otra vez por la mitad, y otra, y otra, y una más, hasta que sea muy pequeño. Bruñe con la plegadora.

2 Pliega una cubierta que envuelva todo el libro. Recuerda doblar a fibra. Recorta el papel sobrante para que encaje.

3 Coloca la cubierta sobre una guía de teléfonos abierta o sobre una revista gruesa y después centra el interior de tu libro sobre la cubierta.

4 Perfora tres agujeros —cerca del borde superior e inferior y en el centro— utilizando un punzón o una chincheta.

5 Rasga o corta las páginas con la punta de la plegadora. También puedes realizar este paso cuando el libro esté cosido.

6 Enhebra la aguja y asegura el hilo (derecha).

Cómo hacer libros cosidos

7 Cose a caballete: comienza en el agujero del medio, dejando un cabo lo suficientemente largo para atarlo después. Vuelve a la parte interior del libro pasando la aguja por el agujero superior o el inferior; sáltate el agujero del medio. Pasa a través del último agujero. Vuelve por el agujero del medio (por el otro lado de la puntada larga). Ata las puntas sobre el hilo largo con un nudo cuadrado (ver recuadro arriba).

Corta el hilo (no demasiado corto). Haz dibujos y/o escribe una historia acerca de tu osito, tu muñeca u otro juguete.

NOTA: Puedes coser botones o cuentas en el lomo. Comienza a coser en el interior o en el exterior; si comienzas por fuera, los cabos del hilo pueden ser elementos decorativos: cose botones, cuentas o incluso pequeños cascabeles. Si comienzas a coser desde dentro, los cabos no ser verán tanto.

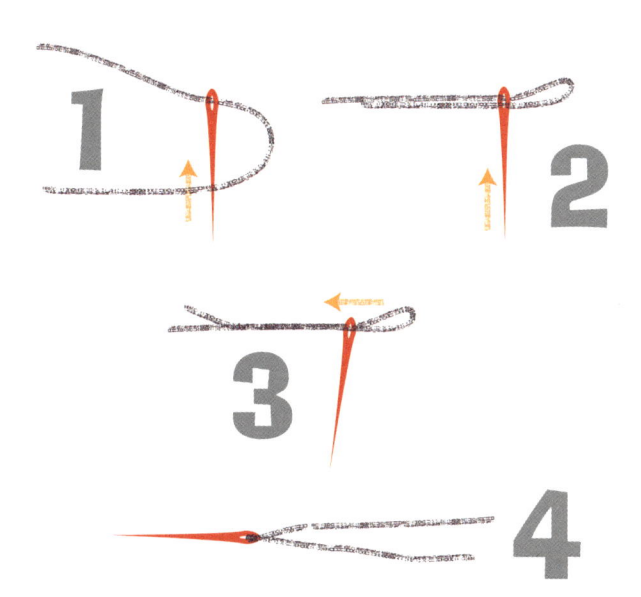

Cómo asegurar el hilo a la aguja para facilitar la costura

1 Enhebra la aguja y deja un cabo de unos 7,6 cm.

2 Pincha el cabo con la aguja y crea un nudo suelto.

3 Empuja el nudo sobre el cabo largo.

4 Tira del cabo largo para tensar el nudo de modo que el hilo quede asegurado a la aguja.

Libro con cordón de zapato

Un cordón de zapato es como una aguja enhebrada, solo que sin punta. Cuando era niña, había unas tarjetas de costura para niñas (entonces los niños no aprendían a coser, así que, si se les caía un botón, estaban en apuros). Esas tarjetas incluían cordones de zapato para coser en lugar de agujas. Los niños que sean muy pequeños para utilizar agujas pueden coser libros usando un cordón de zapato largo.

Materiales

Papel (cartón para cubiertas fino y papel normal de impresora)
Plegadora
Punzón
Cordón de zapato cuya longitud sea tres veces la del lomo del libro
Rotuladores para dibujar

Opcional

Cuentas

1 Dobla un cuadernillo y, como siempre, bruñe con la plegadora (si necesitas ayuda, consulta la página 14).

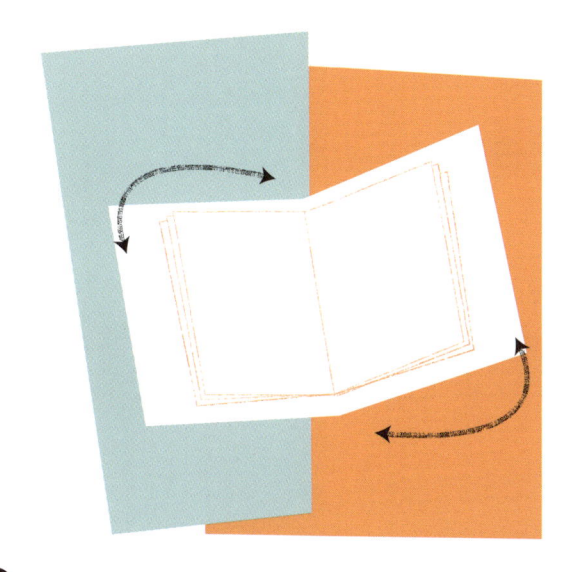

2 Dobla una cubierta alrededor del cuadernillo; la cubierta debe sobresalir del corte delantero del cuadernillo.

3 Perfora un agujero en el centro con el punzón.

4 Partiendo de la parte exterior del libro, pasa el cordón a través del agujero central. Bordea por la parte superior y desciende por el lomo hasta el borde inferior. Pasa el cordón por el interior del libro y sácalo de nuevo a través del agujero.

5 Coloca las puntas del cordón a ambos lados de la puntada larga. Ata un nudo cuadrado —izquierda sobre derecha y derecha sobre izquierda (ver recuadro en página 109)—. Puedes rematar el nudo con una lazada y, si quieres, añadir cuentas o abalorios.

6 Dibuja y/o pinta tu libro. Ya que es un libro con cordón, tal vez podrías dibujar todas tus zapatillas —o las de toda tu familia— y sus respectivos cordones.

112

Cuaderno con goma elástica

Vamos a hacer un libro con un cuadernillo muy sencillo; si dispones de una goma elástica que abarque la altura del lomo, ni siquiera tendrás que coser.

Materiales

Papel fino de formato A4 en varios colores
Plegadora o tijeras
Papel para cubiertas grueso —pero que pueda doblarse— de la misma altura que el cuadernillo plegado y lo suficientemente ancho para colocarlo alrededor como cubierta
Gomas de pelo de colores que contrasten con los colores de los papeles

1 Dobla el papel fino por la mitad, primero a lo largo y después transversalmente. Corta el papel con la plegadora (o con las tijeras) para obtener una sección doblada con dos hojas de papel. Si cuentas ambas caras, anterior y posterior, ahora tienes ocho páginas. Si quieres un libro de 16 paginas, dobla y corta otro pliego de papel y embúchalo dentro de la primera sección.

2 Corta un trozo de cartón de la misma altura y dóblalo alrededor del papel fino. Esta será tu cubierta. El corte delantero debe ser un poco más grande para rodear las páginas interiores. Puedes prolongarla hacia afuera y después doblar las solapas, o bien utilizar dos capas de cartulina que además aportarán la resistencia suficiente para sujetar la goma.

3 Abre el cuadernillo. Coloca una goma de pelo alrededor de las páginas y apóyalo sobre el pliegue. Cierra el libro y ajusta la goma para que quede plano. En este proyecto, cambia los tamaños del papel y de las gomas en función de las necesidades, así como para crear cuadernos de dimensiones mayores o menores.

4 Métete el librito en el bolsillo junto con un bolígrafo para tomar notas y apuntar observaciones. Ya que es un libro con una goma de pelo, podrías dibujar colas de caballo y trenzas.

Libro alfiletero de fieltro

Puedes confeccionar este libro para guardar tus agujas de encuadernación, aunque también sería un bonito regalo para aficionados a la costura. La encuadernadora Mindell Dubansky restaura libros en el Metropolitan Museum of Art de Nueva York. Mindell me hizo una versión de este libro con una tela de tapicería brocada; desflecó los bordes y lo cosió desde la parte exterior, adornando el hilo con cuentas. Era tan bonito que al principio lo guardaba con mi colección de libros de artista, pero después me decidí a meterlo en mi caja de herramientas y comencé a usarlo. Pienso en Mindy cada vez que coso.

Materiales

Fieltro de varios colores
Tijeras
Aguja e hilo de lino o punzón
 y cordón de zapato
Agujas para colocar en el libro

Opcional

Botones y cuentas para decorar
Cola
Surtido de imperdibles
Cizallas de sastre

1 Decide cómo de grande quieres que sea tu libro. Puede ser muy pequeño —del tamaño justo para unas cuantas agujas— o lo suficientemente grande para que te permita guardar también las tijeras y la plegadora.

2 Corta de dos a cuatro piezas de fieltro de anchura dos veces superior al tamaño final. Utiliza tijeras rectas o cizallas de sastre. Si lo deseas, utiliza fieltros de varios colores.

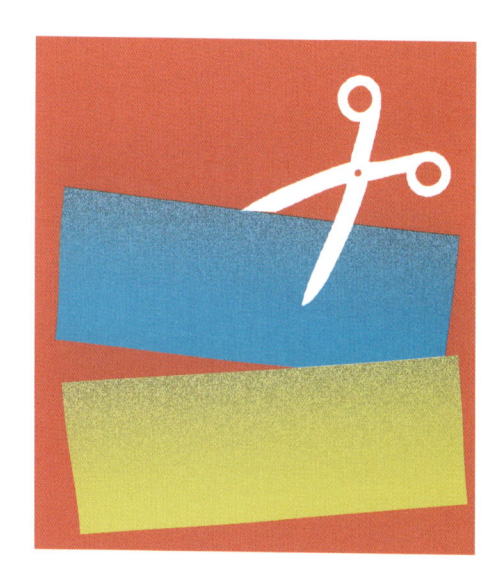

3 Dobla las piezas de fieltro por la mitad y utiliza otro trozo para la cubierta; la cubierta puede ser de la misma altura o un poco más alta que las páginas, pero debe ser un poco más ancha para colocarla alrededor de las páginas sin que estas sobresalgan.

5 Decora la cubierta con botones y/o cuentas y/o trozos de fieltro. Puedes adherirlos con pegamento Tacky Glue, pincharlos y coserlos con hilo de un color bonito o usar imperdibles de distintos tamaños para fijar un collage de fieltro como parte del diseño.

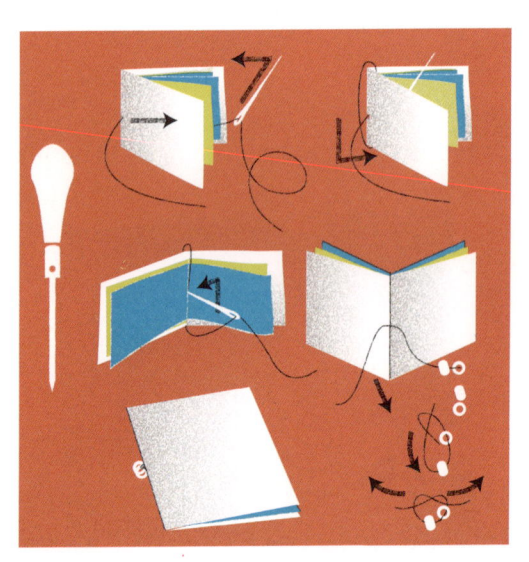

4 Cose el lomo con cosido a caballete (página 109) o perfora agujeros y cose con un cordón de zapato.

6 Coloca las agujas en las páginas formando diseños interesantes.

NOTA: Si quieres crear una costura sofisticada, utiliza tejido de brocado para confeccionar tu libro, como este alfiletero antiguo.

Variación

Al igual que Mindy, puedes utilizar otros tejidos y deshilachar los bordes para sacar flecos; puede ser interesante confeccionar este proyecto utilizando unos pantalones vaqueros viejos. Hasta puedes utilizar los bolsillos para guardar herramientas (como la plegadora y las tijeras.)

Cómo hacer libros cosidos

117

Libro mochila

Elise Engler lleva toda la vida dibujando inventarios. Un inventario es similar a una lista, pero la diferencia es que Elise dibuja todos los elementos que lo componen. Nos conocimos cuando ella estaba dibujando cada una de las manzanas de edificios de Broadway, en Nueva York (¡y Broadway se extiende más de 200 manzanas!). Para otro proyecto, hace algunos años, dibujó bolsos de mujeres y todo lo que llevaban dentro. También ha dibujado frigoríficos y su contenido.

Materiales

Lápiz y papel para dibujar los bocetos
Tu mochila del colegio con todo lo que lleves dentro
Papel para las páginas del libro
Plegadora
Papel para cubiertas o cartón fino
Guía de teléfonos o revista gruesa para usar como soporte del libro
Punzón o chincheta
Aguja e hilo
Materiales de dibujo que no manchen
Tijeras de buena calidad y afiladas

Opcional

Cordón de zapato
Cola, pasta, pegamento en barra o cinta de doble cara

1 Diseña tu libro mochila. ¿En qué se parece su forma a la de un libro? ¿Sus lados son rectos? ¿Encajará sobre un rectángulo?

2 Diseña tu libro para que la cubierta tenga la misma forma que la mochila, pero de modo que uno de los lados o uno de los extremos sea plano para que encaje en el pliegue. El cuadernillo interior puede ser rectangular, y debe ser ligeramente más pequeño que la cubierta para que las páginas no asomen.

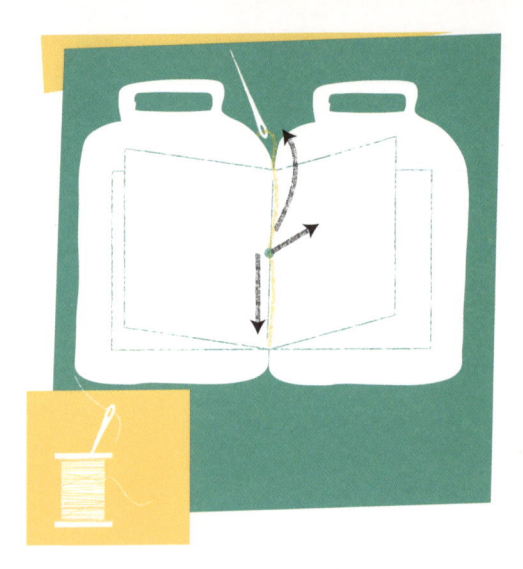

4 Cose el libro a caballete (página 109) utilizando aguja e hilo, o haz agujeros más grandes y cose a caballete con un cordón de zapato (página 112).

3 Coloca el cuadernillo abierto dentro de la cubierta abierta, y apoya el conjunto sobre el soporte de libro. Perfora agujeros de costura con el punzón.

5 Vacía tu mochila y coloca todo el contenido alineado sobre la mesa.

6 Dibuja en las páginas del libro todo lo que llevas en la mochila.

Variaciones

Puedes coser un sencillo libro rectangular de las mismas dimensiones, más o menos, que el libro mochila. A continuación, dibuja sobre papel la silueta de la mochila (de un tamaño un poco mayor que las páginas), recórtala y pégala con cola a la cubierta. Debes dejar un poco de espacio en el lomo para poder abrirlo sin "ataduras".

O, simplemente, dibuja tu libro mochila en la cubierta del libro y el contenido en el interior.

Cómo hacer libros cosidos

121

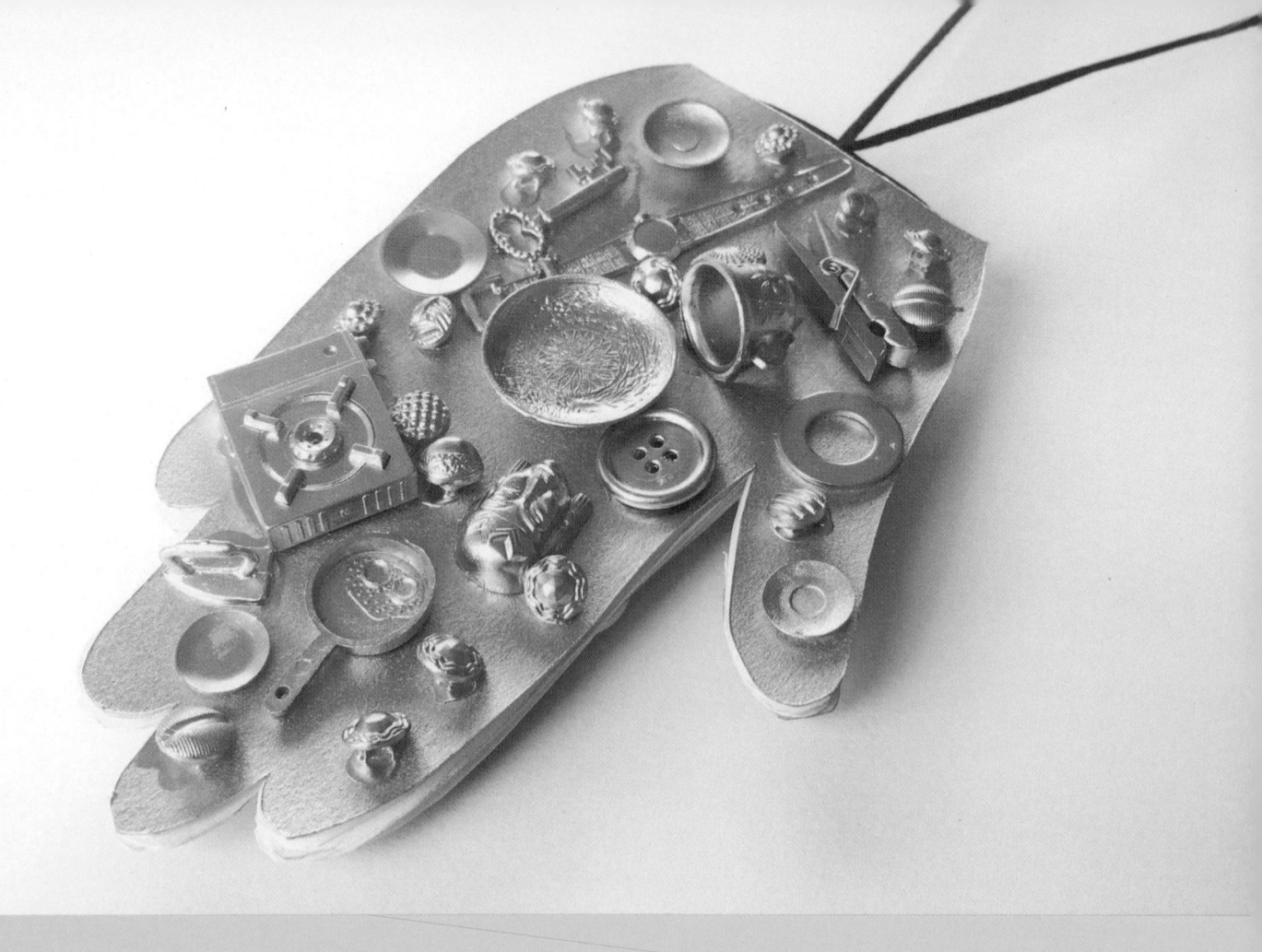

Libro amuleto de los tres deseos

Miriam Schaer es artista y le encanta viajar. Cuando visita países donde hay sistemas de escritura diferentes, utiliza los periódicos para hacer libros cosidos con forma de mano. También ha creado libros de artista escultóricos con materiales inusuales: en ocasiones ha comenzado pintando un vestido aplicando acrílico para después incrustar en él un libro; ha realizado este proceso tanto con ropa de muñeca como con ropa de bebé, e incluso ha creado enormes esculturas libro con vestidos de novia.

Materiales

Lápiz
Tijeras
Papel para el interior
Plegadora
Perforadora
Cordón de zapato, cinta o cuerda; el largo debe ir desde la anchura de tus hombros hasta la punta de los dedos del brazo opuesto extendido
Materiales de collage y/o dibujo para el interior
Cartón fino para la cubierta (puede ser una caja de cereales)
Cola
Materiales para crear el collage de la cubierta (pueden ser botones y otros objetos dimensionales no porosos, que puedes pegar con pegamento Tacky Glue)
Papel encerado
Pesa para libros blanda (página 22)

Opcional

Pintura (puede ser pintura en spray)

1 Traza sobre un papel la silueta de la palma de tu mano y recorta el patrón resultante.

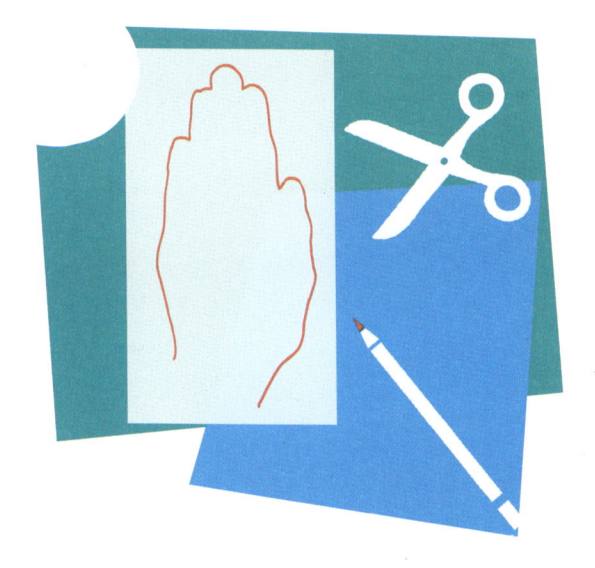

2 Dobla a fibra un cuadernillo de tres hojas del papel que vayas a usar en el interior del libro. Delinea el patrón de modo que la parte inferior de la mano o muñeca esté sobre el pliegue.

3 Recorta la silueta, dejando el pliegue intacto.

4 Perfora tres agujeros sobre el pliegue: uno en el medio y otros dos aproximadamente a un dedo de anchura de cada extremo.

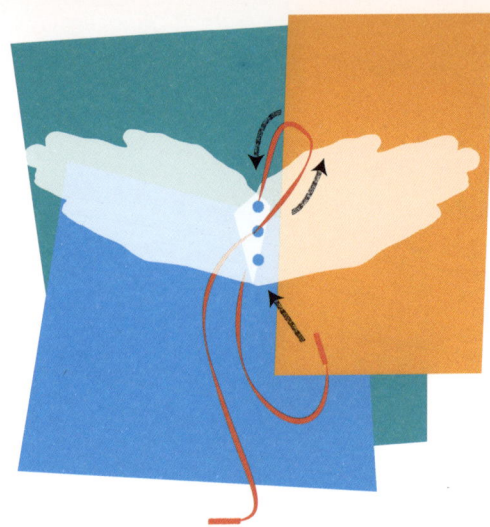

5 Cose a caballete comenzando en el exterior del lomo, pasando el cordón o cuerda por el agujero central y dejando un cabo largo, como se muestra en la ilustración.

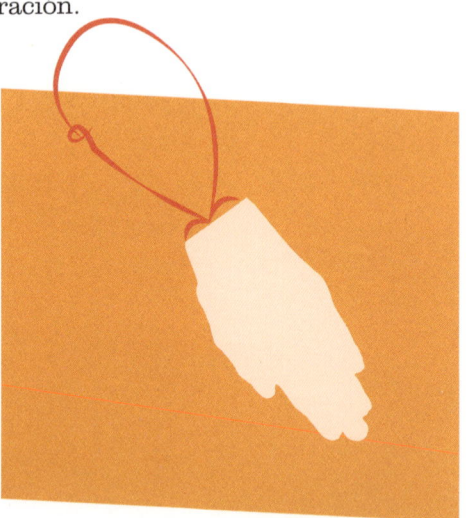

6 Ata un nudo cuadrado alrededor de la puntada sobre el centro exterior. Después ata los dos cabos largos echando un nudo por encima —enlazando los dos extremos, insertando el cabo y tirando a través del nudo— para que puedas deslizarla sobre la cabeza.

7 Dibuja y/o haz un collage con tus tres deseos en el interior del libro: un deseo para ti, otro para tu familia y un tercer deseo para el mundo.

Cubierta

8 Traza el patrón sobre el cartón fino y recorta las tapas; deberían ser un poco más grandes que el cuadernillo pero estar alineadas al ras de la muñeca, y una en dirección contraria a la otra si el cartón solo está tratado por una cara (por ejemplo, una caja de cereales).

9 Pega los cartones al cuadernillo dejando espacio suficiente en el pliegue para permitir que el libro se abra adecuadamente.

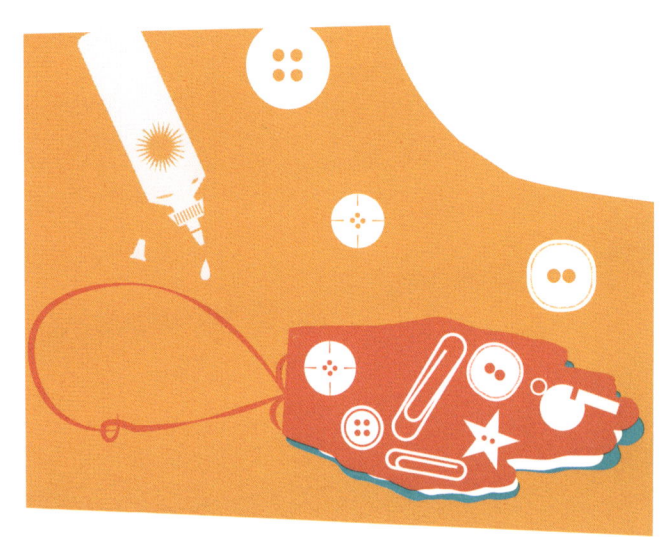

10 Adorna la cubierta con collages y/o dibujos. Puedes utilizar pegamento Tacky Glue para añadir objetos no porosos, como botones y juguetes diminutos.

Cómo hacer libros cosidos

125

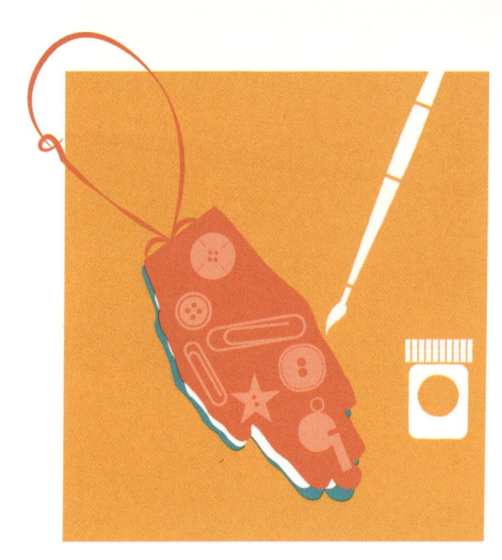

11 Si tu collage tiene texturas dimensionales, puedes pintar los cartones al estilo Louise Nevelson. Puedes utilizar pintura en spray dorada, pero hazlo al aire libre. Cuando vivía en mi antiguo piso, abría la ventana y pintaba cosas con spray en la escalera de incendios. En mi apartamento actual no puedo hacerlo, pero a veces saco cosas a la calle para pintarlas. También puedes pintar con acrílicos: es un poco pringoso, pero el proyecto gana en textura. Si pintas las cubiertas, envuelve el libro con papel encerado o con algo que lo proteja de la pintura.

12 Protege el libro con papel encerado y colócalo bajo unas pesas blandas, como una bolsa de arroz o guisantes, o una pesa que hayas cosido previamente (ver página 22).

13 Deja secar todo el tiempo posible antes de ponerte el amuleto que traerá suerte para ti, para tu familia y para el mundo. Si has encolado piezas pequeñas de plástico, aplícale peso y déjalo secar unos días. No te sientas mal si se cae algún adorno: guárdatelo en el bolsillo y después arréglalo, incluso puedes mejorar el diseño original.

Variación del libro mano de papel

Hemos creado una versión más sencilla de este libro mano.

1 Sigue los pasos 1-3 del Libro amuleto.

2 Coloca la cubierta alrededor del cuadernillo —debe ser de tamaño un poco mayor para cubrirlo— y corta la mano un poco más grande que el papel del interior.

3 Perfora un agujero en el centro del pliegue.

4 Cose a caballete con el cordón de zapato, comenzando desde la parte exterior del lomo, pasando el cordón por el agujero del medio y dejando un cabo largo (como se muestra en la ilustración). Ajusta el cordón para que las dos puntas estén iguales. Ata un nudo cuadrado alrededor de la cuerda del medio cerca del libro.

5 Ata las puntas con una lazada lo suficientemente holgada como para que te quepa la cabeza. O deja las puntas sueltas para poder atarlas cuando te cuelgues el amuleto.

6 Decora la cubierta. Dibuja o haz un collage con tres deseos en el interior del libro: uno para ti, otro para tu familia y otro para el mundo.

Materiales

Lápiz
Papel
Tijeras
Plegadora
Pegamento en barra
Papel para cubiertas
Materiales para collage y/o dibujo
Perforadora
Cordón de zapato largo

Cómo hacer libros cosidos

127

Folioscopio de pelotas malabares

Para crear este folioscopio veloz y divertido, dibuja con una perforadora sobre papel brillante de dos o tres colores. Antes de diseñar tu libro practica perforando agujeros en papel de borrador para comprobar hasta dónde te permite agujerear la perforadora. Nota: los punzones están afilados: ¡no te saques un ojo!

Materiales

10 o más trozos de papel para cubierta de aproximadamente 244 g o cartulina de aproximadamente 8 × 15 cm, de fibra corta, de dos o más colores que contrasten
Lápiz
Plegadora
Taza para siluetear
Perforadora
Goma elástica gruesa y pinzas sujetapapeles
Punzón
Aguja de tapicería
Hilo de lino de tres hebras o perforadora con cordón de zapato

1 Numera las páginas del libro en la parte superior, alternando los papeles de colores. En la primera página escribe el número muy flojito para poder borrarlo cuando encuadernes el libro.

2 Con ayuda de la plegadora, dibuja el perfil curvo de la taza en la cara posterior de cada una de las páginas, siempre en el mismo sitio.

129

3 Perfora entre tres y cuatro agujeros en cada línea curva, alternando la posición de estos de modo que no se solapen de página a página.

NOTA: En los folioscopios, las imágenes deben situarse en el tercio inferior del papel para que al pasar las páginas del libro con rapidez estas se vean.

4 Apila las hojas, sujétalas con una pinza, y agita un poco como un abanico para abrir las páginas y probar el folioscopio.

5 Cuando estés contento con el resultado, fija el taco de hojas con las pinzas de clip. A continuación, perfora y cose.

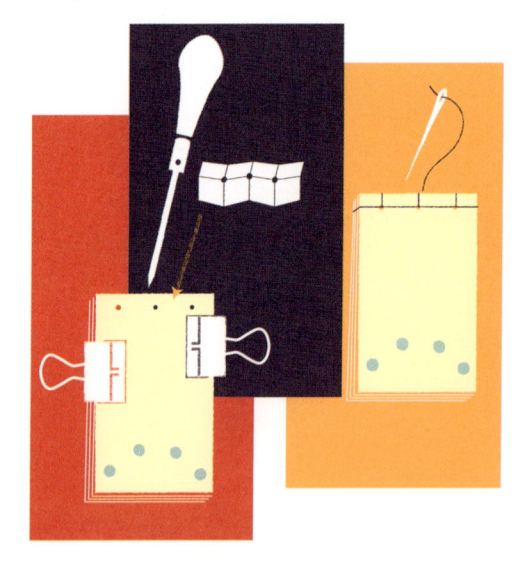

6 Diseña una plantilla para perforar los agujeros (ver debajo). Usa un punzón para hacer tres agujeros a través del libro completo, más o menos a 1,3 cm del borde superior. Cose el libro con costura japonesa (ver página 132).

Plantilla de costura

1 Corta una tira de papel en sucio del ancho del lomo de tu libro y aproximadamente 5 cm de largo.

2 Dóblala a 1,3 cm, más o menos, de la parte superior.

3 Dóblala por la mitad en la otra dirección para localizar el centro.

4 Dobla uno de los extremos a 1,3 cm más o menos (iguálalo con el otro extremo).

Perfora los orificios donde se entrecruzan los pliegues.

130

Variación con pelota que rebota

Perfora los agujeros siguiendo otros patrones y no el trazo del perfil de la taza, asegurándote de que los agujeros no se solapan de página a página.

NOTA: Si vas a realizar un número considerable de costuras japonesas puedes perforar los orificios con una taladradora de mano, sujetando las páginas a un tablero con una abrazadera para fijarlas antes de taladrarlas. La primera vez que usamos un taladro eléctrico sobre papel se puso a girar a lo loco —muy inquietante—, aunque también tuvo su punto interesante.

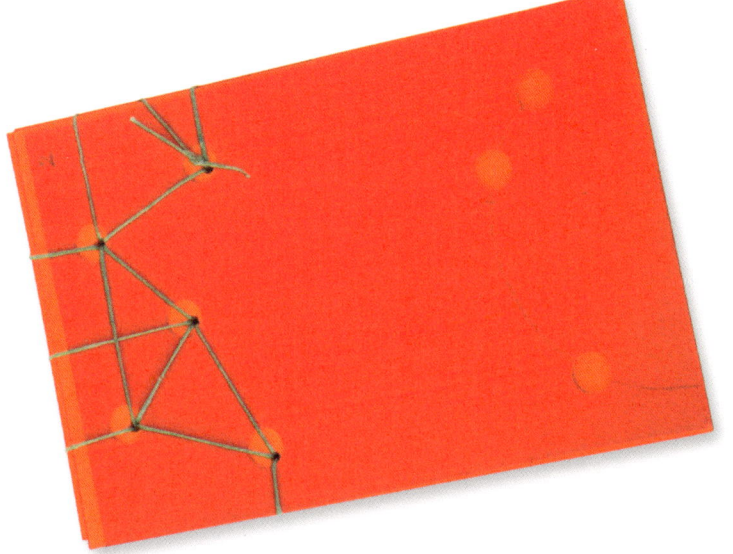

Variación de puntada

Cuando hayas aprendido la técnica del cosido japonés puedes inventar tu propio patrón de costura, o incluso puedes ir cosiendo un patrón al azar ¡improvisando sobre la marcha!

Variación para niños pequeños

Crea una plantilla con dos orificios y perfora cada una de las páginas. Átalas con un cordón de zapato. Puedes hacer un nudo cuadrado —izquierda sobre derecha y derecha sobre izquierda— o utilizar una lazada que te permita desatarlo fácilmente y cambiar el orden de las páginas para divertirte.

Cómo hacer libros cosidos

131

Cosido japonés

1 Enhebra la aguja, asegurando el hilo a través del cabo (ver página 109).

2 Comienza cosiendo desde el agujero del medio, en la parte posterior del libro, dejando unos 7,6 cm de cabo para anudarlo después. **A**

3 Cose alrededor del lomo y vuelve a través del mismo agujero. **B, C**

4 Cose a través del siguiente agujero, cose alrededor del lomo y vuelve a través del mismo agujero. **D, E, F**

5 Cose alrededor del costado y vuelve a través del mismo agujero. **G, H**

6 Cose a través del agujero del medio y sube hacia el último agujero. **I**

7 Cose a través del ultimo agujero, lleva la aguja alrededor del lomo y, a continuación, vuelve con ella pasando a través del mismo agujero. **J, K, L**

8 Cose alrededor del lateral y regresa a través del mismo agujero. **M, N, O**

9 Tira del hilo para comprobar si está tenso. Si está suelto, ajústalo tirando del hilo por los agujeros, como si apretaras los cordones de las zapatillas. **P**

10 Ata el hilo al cabo con un nudo cuadrado —izquierda sobre derecha, derecha sobre izquierda—, centrando el nudo en la parte posterior del agujero del medio. **Q**

11 Comprueba de nuevo la tensión. Si es preciso, desata y ajusta antes de cortar el hilo.

12 Corta el hilo dejando más o menos 2,5 cm de cabo suelto. Si lo deseas, peina el hilo con la aguja. Recórtalo un poquito más.

133

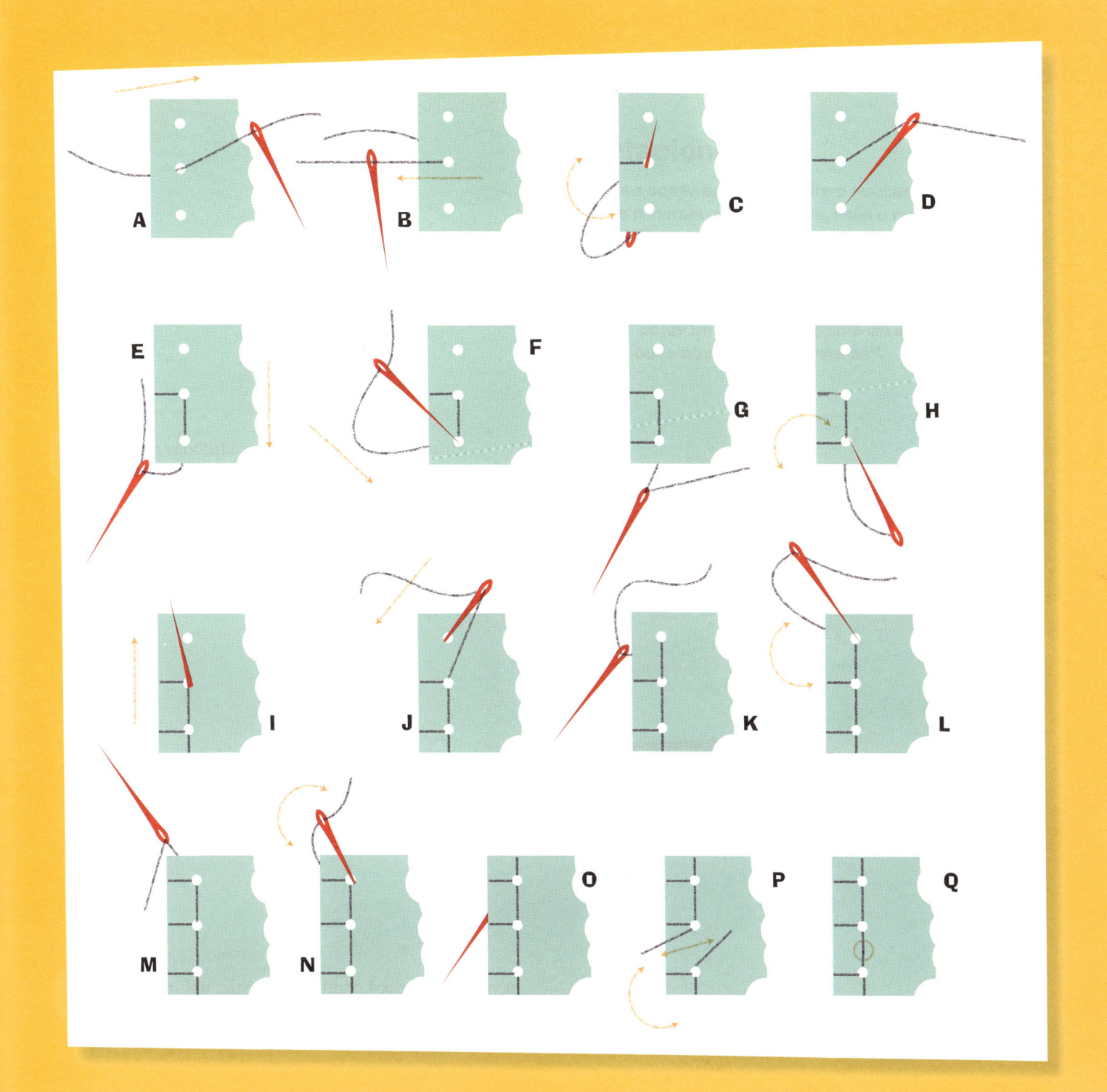

Libro de bolsas de papel entrelazadas

A veces es difícil encontrar un papel lo suficientemente grande para forrar un libro. Recuerdo que eso fue lo que me sucedió en la universidad con un libro para niños que escribí para mi clase de literatura infantil. Lo había mecanografiado en un papel de formato Business normal y corriente, pero para la cubierta necesitaba un papel el doble de grande, así que lo que hice fue entretejer unas bolsas.

Materiales

Bolsas de papel, papel de envolver grueso, papel de carnicero, etc. Tienen que ser de un tamaño de un poco más del doble que las páginas; utiliza bolsas del mismo color para obtener un tejido con una textura sutil, o bolsas de colores contrastados si lo que quieres es dejar a la vista el diseño a cuadros de las páginas del libro entrelazadas
Tijeras
Adhesivos (pegamento en barra, cinta de doble cara, etc.)
Punzón
Aguja e hilo

1 Desmonta las bolsas de papel con sumo cuidado, cortando cerca de los puntos encolados, abriendo la parte inferior, etc. Hay varios tipos de bolsas, así que fíjate en cómo está diseñada y montada la tuya. Esto también te sirve para saber cómo se hace una bolsa, ¡por si alguna vez necesitas hacer una!

2 Coloca la bolsa desmontada sobre la mesa. Pon las páginas del interior de tu libro encima y cubre con la bolsa para comprobar cómo de grande debe ser tu cubierta.

3 Corta la bolsa del tamaño que necesites para la cubierta. Pruébala y recorta cuidadosamente para ajustarla (solo debe ser un poquito más grande que tu libro por sus cuatro lados). Deja el espacio necesario para el lomo del libro.

4 Dobla esta pieza por la mitad, como se muestra en la ilustración. Retira las páginas del libro.

5 Dejando un poco espacio en la parte superior, en la parte inferior y en los bordes, corta tiras en el papel, comenzando desde el pliegue. No cortes el recorrido completo de las tiras; en cierto modo, estás construyendo el telar y la urdimbre del tejido de papel.

6 Con el resto de bolsas (de colores contrastados si así las escogiste), corta tiras de la altura de la cubierta. Estas pueden ser de la misma anchura o de otra y de tantos colores como desees.

Cómo hacer libros cosidos

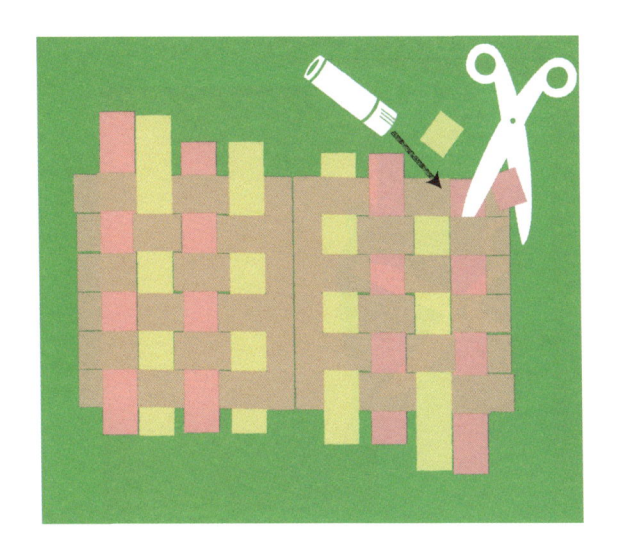

7 Entreteje las tiras de tu gran pieza, alternando por encima y por debajo; si usas varios colores, vete combinándolos.

8 Pega los extremos para que el entrelazado no se suelte. Corta los extremos al ras de la cubierta.

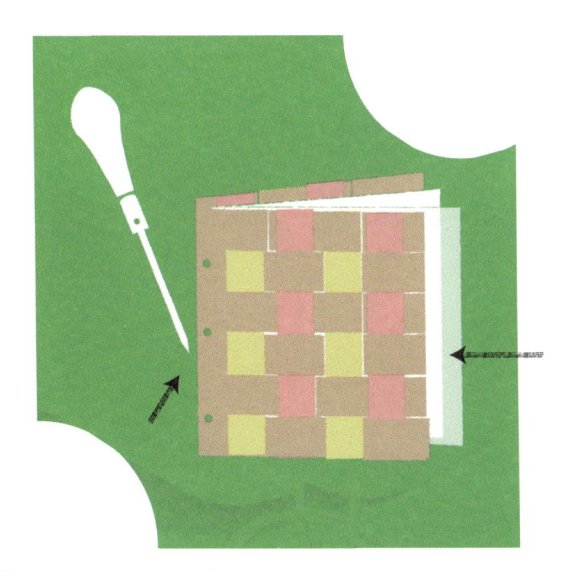

9 Dobla la cubierta entrelazada alrededor de las páginas. Perfora tres agujeros con un punzón, como se muestra en la ilustración.

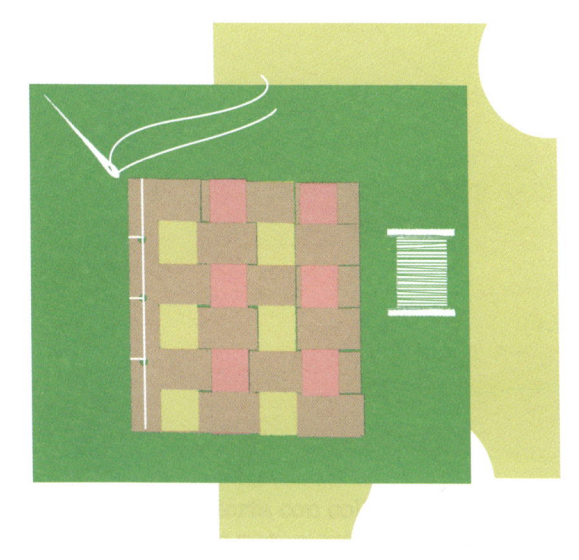

10 Cose con cosido japonés (ver página 132).

137

Recursos útiles

Las librerías, tiendas de materiales de arte, imprentas y bibliotecas de tu barrio o localidad son los mejores recursos que vas a encontrar.

¡Úsalas o las perderás!

Materiales de arte

FineArtStore.com
Papeles finos y materiales de encuadernación

Jo-Ann Fabric and Craft Stores
Materiales de manualidades y arte, tiendas en varios lugares; www.joann.com

New York Central Art Supply
Departamento de papel excelente
www.nycentralart.com

Paper Source
Impresión personalizada, amplia colección de papeles, materiales para encuadernación
La autora ha firmado libros en muchas de sus tiendas
www.papersource.com

Royalwood, Ltd. Online
Hilos de lino encerado de muchos colores
www.royalwoodltd.com

Talas
Herramientas y materiales de encuadernación
www.talasonline.com

Otros libros recomendados

600 puntos negros. Un libro con sorpresas para pequeños y mayores
David A. Carter
Combel Editorial, Barcelona, 2007

The Absolutely True Diary of a Part-Time Indian
Sherman Alexi y Ellen Forney
Little, Brown and Company, Nueva York, 2007

Beautiful Oops!
Barney Saltzberg
Workman Publishing, Nueva York, 2010

Find the Constellations
H. A. Rey
Houghton Mifflin, Nueva York, 1956

Happy Birthday: A Very Special Little Golden Book with Party Cut-Outs, Favors, Games, Invitations, Place Cards, Candy Cups
Simon & Schuster, Nueva York, 1952

Harold y el lápiz morado
Crocket Johnson
Ediciones Jaguar, Madrid, 2012

Just us Women
Jeannette Caines y Pat Cummings
HarperCollins Children's Books, Nueva York, 1982

Osito
Else Holmelund Minarik, Maurice Sendak
Editorial Kalandraka, Pontevedra, 2015

The Little Fur Family
Margaret Wise Brown, Garth Williams
Harper Bros, Nueva York, 1946

Minibiblioteca
Maurice Sendak
Alfaguara, Madrid, 1977

Oscar-the-Grouch's Alphabet of Trash
Jeffrey Moss y Sal Murdocca
Western Publishing Company, 1978

Playing with Color: 50 Graphic Experiments for Exploring Color Design
Richard Mehl
Rockport Publishers, Beverly (Massachusetts), 2013

Playing with Sketches: 50 Creative Exercises for Designers and Artists
Whitney Sherman
Rockport Publishers, Beverly (Massachusetts), 2013

Pop-Up: Un libro para aprender a hacer pop ups
Ruth Wickings y Frances Castle,
MacMillan Infantil y Juvenil, 2011

See the Circus
H. A. Rey, Houghton Mifflin, Nueva York, 1956

The Rainy Day Play Book
Marion Conger y Natalie Young
Golden Press, 1951

Clases de la autora

SIGUE a Purgatory Pie Press en Facebook para estar informado acerca de las actividades en las que participa la autora
www.Purgatorypiepress.com
www.estherksmith.com

Invita a Esther K. Smith a impartir un curso en un centro de tu localidad.

Talleres pasados y futuros

McNally Jackson Books
www.mcnallyjackson.com

Greenlight Book Store
www.greenlightbookstore.com

Word
www.wordbookstores.com

Brooklyn Book Festival
www.brooklynbookfestival.org

....
(¡Pon aquí el nombre de tu librería favorita!)

Agradecimientos

En primer lugar, gracias a Whitney Sherman, quien me presentó a Emily Potts, a quien le encantó la idea de este libro y me puso en contacto con las maravillosas Joy Aquilino, Betsy Gammons, Anne Re y Lara Neel —gracias a todas por el trabajo duro—. Y gracias al equipo comercial de Quarto y a todas las personas entre bambalinas que han hecho posible este libro.

谨谢于中国协助我印刷与装帧此书的人们

Gracias también a Marianne Merola, Alicia Bay Laurel, Scott McCarney, Beth Sheehan, Abby Schoolman, Anne Marion-Gallois, Urszula Glogowska, Kyle A. Holland, Jennifer King, Nikki Lee, Malgosia Kostecka, Debra Eck, April Vollmer, Liz Grace, Ha Young Kim, Gertjan van Kempen, Naftali Rottenstreich, Dayna Burnett, Allan Bealy y, como siempre, a mi familia.
Y a todos aquellos que haya olvidado mencionar.

Gracias por contar conmigo para hacer libros con niños:

MAD Museum of Arts & Design
Cooper Hewitt National Design Museum
Liz Koch, del Brooklyn Book Festival
Yvonne Brooks y McNally Jackson Books
Jessica Stockton Bagnulo y Rebecca Fitting, de la librería Greenlight Bookstore
Christine Onorati, de Word Bookstores
Kristie Valentine, de la Cathedral School
Joan Kim cuando estabas en 826NYC
Stephanie Trejo, Ann Coffin y Kirsten Flaherty, de IPCNY (encontré los pop-ups de la página 86 tirados en el suelo después de un taller)

Jane Sanders: fue divertidísimo trabajar contigo y con tus ilustraciones (y gracias a tu familia, Elizabeth y Howard).

Gracias, Pat Lee, por la edición y corrección preliminar del texto —y por apreciar los cefalópodos— y por tu discreción.

A mi editora, Christina Penambuco-Holsten, gracias de nuevo por ayudarme con nuestro cuarto libro juntas —y gracias una y otra vez por los otros tres.

Muchas personas han ayudado a hacer las fotografías para este libro. Gracias a Wyatt Counts, Emma Andreetti, Michael Bartalos, Michael Prisco y Han Ju Chou.

Muchas gracias a Amy Sly, Jane Treuhaft y Robin Sherin, que me ayudaron con el diseño

Gracias a la Universidad de Chicago por nuestros inteligentes, capaces, graciosos y creativos colaboradores internos y externos. Y gracias otra vez a Mateo Pomi, Megan Anderluh y Jen Xue por toda vuestra ayuda en el libro.